Le français
de tous les jours

とってもナチュラル
ふだんの
ひとことフランス語

トリコロル・パリ
荻野雅代　桜井道子

白水社

組版　九鬼浩子（株式会社スタジオプレス）

……はじめに……

私たちがフランスに暮らし始めてから、はや20年ほどが経ちました。今、二十歳のフランス人と同じかそれ以上の長い間、フランス語に触れてきたのかと思うと、なんだか感慨深いです。日本で基礎を学んだものの、こちらに来たばかりの頃は自分の意思を伝えるだけで精一杯でした。それでも少しずつ、「こういう場面ではこう言えばいいんだ！」と、まるで子供が大人の話ぶりを真似るように、繰り返し聞くフレーズを積み重ね、気が付けばフランス語で会話ができるようになっていました。話すトーンや場面によって意味が変わるフレーズや、否定形なのにポジティブに使えるひとことなど、生活しているからこそ知りえた表現もたくさんあります。

そんな数々の気づきをもとに、「もしフランスに暮らしていたら」きっと耳にすることが多いフレーズばかりをこの1冊に集めました。ページをめくれば、意外と簡単な単語の組み合わせでいろんなことが言えるんだなと感じてもらえるでしょう。毎日の挨拶はもちろん、Oui と Non 以外の返事のバリエーション、「めんどくさい」「ハマってる」などのカジュアル表現、「おつかれさま」のような日本独特の決まり文句、「そろそろ行くね」「ちょっといい？」といった、知っていると便利な表現、そしてSNSで気軽に使えるひとこともたっぷり詰め込みました。また、解説やコラムでは、より自然に聞こえるコツや会話の弾ませ方などをトリコロル・パリ目線で紹介しています。フランス語を学ぶ仲間である皆さんへ、同じく永遠に学習中の私たちから、「とってもナチュラル」なフランス語をお届けします。

トリコロル・パリ
荻野雅代
桜井道子

……目次……

どうもー……010
はじめまして……011
元気？……012
元気〜元気がない……013

＊ボンジュールから始まる楽しい会話＊……014

バイバイ……015
またあとでね……016
良い週末を！……017
おつかれさま……018
ありがとう……019
どういたしまして……020
ごめーん……021

＊チュトワイエしない？＊……022

大丈夫だよ……023
気にしないで……024
オッケー……025
行ってきます／ただいま……026
そろそろ行くね……027
おやすみ……028
行こっか……029
楽しんでね！……030

ねえ、聞いて……031
今ちょっといい？……032
ちょっとすみません……033

＊いろいろ使える S'il vous plaît. ＊……034

体調がいい……035
体調が悪い……036
お腹すいた／お腹いっぱい……037
はいどうぞ……038
疲れた……039
忙しい……040
最近は／この頃は……041
いつも通りに……042
いつも〜絶対ない……043
なるほど……044
違うよ……045

＊つなぎ言葉でネイティヴっぽさをアップ！＊……046

どっちでもいいよ……047
だよね……048
分かる／分からない……049
知っている／知らない……050
そうでしょ？……051
絶対そうだよ……052
どう思う？……053

知ってるかも……054
確かに～たぶんね……055
ほらやっぱり／まったくもう……056
らしいよ……057
マジで？……058
ウソでしょ？／信じられない……059
冗談だよ……060
てことは……061
そんな感じのもの……062

＊文法通りに話すとぎこちない？自然に話すヒント＊……063

得意／苦手……064
～したい／ほしい……065
できた！／まだできない……066
急いで！……067
がんばって！……068
なんとかなるよ……069
おめでとう！……070
すごーい！……071
どうだった？……072
好き……073
嫌い……074

＊フランス人は否定形がお好き！？＊……075

超〜まったく ……… 076
ハマってる ……… 077
面白い ……… 078
いい感じ ……… 079
正直言って／ざっくり言うと ……… 080
簡単〜難しい ……… 081
かわいい／きれい／すてき ……… 082
おしゃれ〜 ……… 083
おいしい〜まずい ……… 084
イマイチ ……… 085

＊ところ変われば、褒め言葉も変わる？＊ ……… 086

大変だ／やばい ……… 087
退屈／面白くない ……… 088
ヤバい／すごい ……… 089
うらやましい／よかったね ……… 090
超うれしい！ ……… 091
悲しい／寂しい ……… 092
こわっ／びっくりした ……… 093
安心／不安 ……… 094
ドキドキ／緊張する ……… 095
ムカつく／怒ってる ……… 096
私のせいじゃない ……… 097
最悪 ……… 098
困ったな ……… 099
めんどくさいな ……… 100

もうやめよう／あきらめる……101
しまった！……102
間違っちゃった！……103
やっちゃった！……104
残念／まいっか……105
とにかく……106
念のために……107
お誘いの返事……108

＊トーン次第で変わるニュアンス＊……109

連絡するね……110
手伝ってくれる？……111
仲良し……112
付き合ってる……113
長所を表す……114
短所を表す……115

＊ Quand même を使いこなそう＊……116

誕生日おめでとう！……117
季節の挨拶……118

……この本の使い方……

日本語の感覚で言いたいフレーズが探せる

日頃からよく使う日本語のフレーズと、そのニュアンスに最も近いフランス語のフレーズを並べて紹介しているので、日本的な表現も、こんな風にフランス語で言うことができるのか！と感覚的に掴めます。ページごとに日本語のキーワードを取り上げ、それに関連する表現やフレーズをひとまとめに紹介しているので、言いたいことにぴったりのフレーズが見つかります。

フレーズのニュアンスや使うべき場面がわかる

普段フランス人が使う自然な口語表現を中心に紹介しているため、否定形のフレーズでは、あえてneを省略しています。また、家族や友人など親しい間柄での会話を想定し、ほとんどの表現でTu, te, toiを用いています。各フレーズの解説では、その表現の微妙なニュアンス、どんな相手や場面で使うべきかを説明しています。M memoやページ下部のP pointではさらに補足的な使い方のコツやあわせて覚えたい表現を示しています。

ナチュラルに聞こえる発音の読みがな

フランス語の発音を示す読みがなは、そのまま読むだけである程度は通じるような工夫をしています。Lはカタカナのラ行、Rはひらがなのら行で示しています。喉を震わせるだけではっきり発音されない語の最後にあるRは、小文字のrで示しています。

どうもー

どうもー

Salut.

サリュ

日本でも友達にわざわざ「こんにちは」とは言わないように、フランスでもこう軽く済ませることが多いです。別れ際の挨拶（➡ P15）にも使える便利な言葉です。

こんにちは

Bonjour.

ボンジューr

誰に対しても使える万能な挨拶です。知り合い、買い物をするお店の人に対してなど、日常生活で何度となく使う言葉です。

M memo 知り合いなら名前を、知らない人ならmonsieur（ムッスュー）、madame（マダム）とだけ後ろにつけると、より感じが良くなります。

どもー

Coucou.

ククー

カッコウの鳴き声を指す言葉で、気心の知れた相手へ気軽に挨拶したり呼び止めたりするときに使います。ショートメッセージの書き始めにも使えます。

こんばんは

Bonsoir.

ボンソワーr

使い方は Bonjour. と同じで、Bonjour. は朝から昼の半ばごろまで、夕方以降は Bonsoir. を使います。とはいえこのあたりの感覚は人それぞれです。

はじめまして

はじめまして

Enchanté(e).

アンシャンテ

ジュ スュイ ザンシャンテ ドゥ フェーr ヴォートゥる コネサンス
Je suis enchanté(e) de faire votre connaissance. つまり「お会いできて嬉しいです」の「嬉しい」の部分だけを切り取った表現です。

会えて嬉しいです

Content(e) / Ravi(e) de te voir.

コンタン(トゥ) らヴィ ドゥ トゥ ヴォワーr

頭に Je suis（ジュ スュイ）をつければより丁寧で、相手によっては te ではなく vous（ヴ）を使いましょう。ravi なら本当に嬉しいニュアンスがより加わります。

会ったことなかったっけ？

On s'est jamais vus ?

オン セ ジャメ ヴュ

まったく知らないはずの人でも「会ったことなかったっけ？」と聞かれたら悪い気はしませんね。早く打ち解けたいときに使いたいフレーズです。

M memo オン セ デジャ ヴュ ケルク パーr
On s'est déjà vus quelque part ?「どこかで会ったことある？」

会えて嬉しかった

Ça m'a fait plaisir de t'avoir rencontré(e).

サ マ フェ プレズィーr ドゥ タヴォワーr らんコントゥれ

知り合いはもちろん、交流して打ち解けた初対面の人との別れ際に使える表現です。会った相手が女性の場合は最後に e が付いて rencontrée になりますが、発音は変わりません。

M memo 目上の人やかしこまった席では t'avoir を vous avoir（ヴ ザヴォワーr）にしましょう。

元気？

元気？

Ça va ?

サ　ヴァ

相手の調子や近況を確認する最もシンプルな表現です。出会い頭の挨拶として、あまり深く考えずに使うことが多いです。

調子どう？

Tu vas bien ?

チュ　ヴァ　ビアン

月並みな挨拶としてではなく、もう少し親身になって相手の様子を伺いたいときは、こちらの表現を使いましょう。

M memo Comment ça va ?（コマン サ ヴァ）「調子どう？」

久しぶりだね

Ça faisait longtemps.

サ　フゼ　ロンタン

Ça faisait longtemps qu'on s'était pas vus.（コン セテ パ ヴュ）「長い間会わなかったね」を短縮した表現です。

今日は暑いね

Il fait chaud aujourd'hui.

イル　フェ　ショー　オジュるデュイ

うまい話題が思いつかないときはとりあえず天気の話をしておけばなんとかなります。chaud を froid（フろワ）にすれば「寒い」、beau（ボー）にすれば「天気がいい」になります。

元気〜元気がない

Ça va ?（サ ヴァ）「元気？」と聞かれたら、まずは Oui（ウィ）か Non（ノン）で返事をして、その後に以下のフレーズをプラスすると会話が繋がります。

Oui, ça va très bien. とても元気
ウィ サ ヴァ トゥれ ビアン

Oui, ça va bien. 普通に元気
ウィ サ ヴァ ビアン

Oui, ça va pas trop mal. けっこう元気
ウィ サ ヴァ パ トゥろ マル

：pas trop mal「悪すぎない」をプラスすると、「普通よりも調子がいい」というポジティブな返事になります。

Oui, ça va. 元気
ウィ サ ヴァ

Oui, ça va moyennement. まあまあ
ウィ サ ヴァ モワイエヌマン

：moyennement「平均的に」という意味ですが、どちらかというと調子が悪い方に少し傾いている印象を与えます。

Oui, ça va doucement. それなりにやってる
ウィ サ ヴァ ドゥースマン

：病み上がりで本調子ではないけれど、「少しずつ回復している」という感じでも使えます。

Non, ça va pas trop. あまり元気じゃない
ノン サ ヴァ パ トゥろ

Non, ça va pas du tout. かなり調子悪い
ノン サ ヴァ パ デュ トゥ

ボンジュールから始まる楽しい会話

フランス人は1日に何度となく挨拶の言葉を交わします。家族や友人、仕事仲間と顔を合わせた時はもちろんのこと、それ以外の場面でも様々な人たちに挨拶をする習慣が根付いています。例えば、お店に入ったら、まずは客の方からBonjour（ボンジューr）（夕方以降ならBonsoir（ボンソワーr））とはっきりと聞こえる声で挨拶します。パン屋さんなら注文をする前に、スーパーのレジでは自分の順番が来たタイミングでBonjour（ボンジューr）と声をかけると、相手もそれに答えてくれます。去り際の挨拶も大切で、Au revoir（オ るヴォワーr）「さようなら」に加えて、Bon après-midi.（ボ ナプれミディ）「良い午後を」といった言葉をかけるのが一般的です。Bon（ボン）～（P17）を使った表現は多くのバリエーションがあるので、ぜひ色々と試してみてください。お店の場合は、たとえ何も買わなくても、Merci, au revoir（メるスィ オ るヴォワーr）とスタッフに言って出るのが礼儀とされています。

お医者さんの待合室やエレベーターなど、狭い場所に入る場合も同じく、その場に居合わせた見知らぬ人たちと挨拶を交わします。日本では何も言わずに入るか、目が合っても黙礼で済ませることが多いので、フランスに暮らし始めたばかりの頃は、こういったシチュエーションでの挨拶に驚いたものです。他にも、通りを歩いている人を呼び止めたり、何か質問したりする時にも、本題に入る前にBonjourのひとことが欠かせません。新しい単語や複雑な言い回しを覚えることも重要ですが、何を置いても、まずは笑顔で挨拶すること。それがフランス人と楽しく会話をする第一歩に違いありません。

バイバイ

バイバイ

Salut.

サリュ

出会ったときの挨拶と同じ言葉を別れ際にも使うのは少し不思議に感じるかもしれませんが、親しい間柄での「バイバイ」として最も使われます。

さようなら

Au revoir.

オ　るヴォワーr

親しい間柄で使うことは少ないとはいえ、どんな相手に対しても、どんなシチュエーションで使っても間違いはない基本的な表現です。

またね

À plus.

ア　プリュス

次にその人と会いそうなタイミング次第で別れの挨拶を変えることがよくあります（➡ P16）。いつ会えるかはっきりしないときはこの À plus tard.（ア プリュ ターr）「またあとで」の短縮形が便利。

また今度

À la prochaine.

ア　ラ　プろシェヌ

À la prochaine fois.（フォワ）「また次回に」の短縮形。次にいつ会うかはっきりしないので、友達よりも仕事関係の知り合いや行きつけの店などの距離感のときによく使われます。

Point よく知られている À bientôt.（ア ビアント）「またすぐに」は、意外と単独ではあまり使わず、Salut.やAu revoir.の後につけて使うことが多いです。

またあとでね

またあとでね

À tout à l'heure.

ア　トゥ　タ　ルーr

同じ日にまた会う可能性があるときの表現です。À toute.（ア トゥットゥ）とも言えます。

またすぐに

À tout de suite.

ア　トゥ　ドゥ　スュイットゥ

1時間後くらいまでの間にまた会うことがわかっている場合に使います。

M memo À cet après-midi.（ア セッ タプれ ミディ）「また午後に」／À ce soir.（ア ス ソワーr）「また今晩」

また明日

À demain.

ア　ドゥマン

次の日に会う、会社の同僚や学校の友達などにはこう言います。

また来週

À la semaine prochaine.

ア　ラ　スメーヌ　プろシェヌ

授業や習い事などで定期的に会う相手にはこう言います。

M memo À lundi.（ア ランディ）「月曜に」

P point À + [会う日・時間・時間帯]. で次に会うタイミングに合わせた別れ際のひとことが言えます。

良い週末を！

話をしていた相手と別れるとき、親しい間柄だけでなく、店員さんなどよく知らない人にも使える無難な表現が「良い〜を」です。日本語にすると気取った感じに聞こえるかもしれませんが、かなり頻繁に使う表現で、他の別れの挨拶（➡P15）の後に続ければなお感じがよくなります。

Bonne journée. 良い1日を〈午前中〉
ボンヌ　ジュるネ

Bon après-midi. 良い午後を〈昼から午後半ば〉
ボ　ナプれミディ

Bonne soirée. 良い夜を〈夕方以降〉
ボンヌ　ソワれ

Bon week-end. 良い週末を〈金曜の午後から土曜〉
ボン　ウィーケン

Bon dimanche. 良い日曜を〈土曜の夜から日曜の午前〉
ボン　ディマンシュ

：Bon＋曜日の表現は、日曜以外の曜日ではなぜかあまり耳にしません。

point 「良い〜を」と言われたら Merci, toi aussi. / vous aussi.（メるスィ トワ オッスィ／ヴ ゾッスィ）「ありがとう、君／あなたもね！」と答えるのが定番です。

おつかれさま

おつかれさま

À demain.

ア　ドゥマン

フランス語に「おつかれさま」にあたる表現はありませんが、退社する同僚には明日も頑張りましょう、という気持ちでこの表現を使います。(➡ P16)

気をつけて帰ってね

Rentre bien.

らントゥる　ビアン

家に招いた友人などを見送るときによく使う表現です。この場合の「気をつけて」は Fais attention.（フェ アタンシオン）とはならないので注意しましょう。

M memo　Bon retour.（ボン るトゥーr）「気をつけて帰ってね」

気をつけて帰ってね

Bonne route.

ボンヌ　るットゥ

Bon retour. と使い方は同じですが、車で帰宅する人に対して使います。

体に気をつけてね

Prends soin de toi.

プらン　ソワン　ドゥ　トワ

当分会えなさそうな相手に健康を祈って使うことが多いです。また、体調を崩している人を気づかう別れ際の言葉としても使えます。

P point　日本では家族や翌日会うような友達や同僚にも「気をつけてね」と言いますが、その場合は「良い一日を」(P17) や「またね」(P15) を使いましょう。

ありがとう

フランス人は一日の様々な場面でMerci.を口にします。「サンキュ！」「どうも」「すみません」と、軽くお礼を言う感覚でも使えます。ぶっきらぼうにならないよう語尾を上げ気味に、にこやかに言うのがコツです。

心からありがとう

Merci du fond du cœur.
メるスィ　デュ　フォン　デュ　カーr

・Merci de tout cœur.とも（de tout：ドゥ トゥ）

本当にありがとう

Merci beaucoup.
メるスィ　ボクー

・merci以上に耳にする表現。

色々とありがとう

Merci pour tout.
メるスィ　プーr　トゥ

どうもありがとう

Merci bien.
メるスィ　ビアン

・beaucoupよりも気楽に感謝を伝えるニュアンスがあります。

ありがとう

Merci (monsieur / madame / [名前]).
メるスィ　ムッスュー　マダム

・敬称や名前を加えるとより感じよく、丁寧な印象になります。

本当にありがとう

Merci infiniment.
メるスィ　アンフィニマン

ほんっと、ありがとう

Merci encore.
メるスィ　アンコーr

プレゼントありがとう

Merci pour ton cadeau.
メるスィ　プーr　トン　カドー

気を使わせてごめんね〜

Il ne fallait pas.
イル　ヌ　ファレ　パ

・最後のpasをパーと優しく伸ばし気味に言いましょう。直訳：すべきではなかった。

ご親切にどうも

C'est très gentil.
セ　トゥれ　ジャンティ

・merciとあわせて使うとより感謝の気持ちが伝わります。

ご親切にどうも

C'est adorable.
セ　タドらーブル

どういたしまして

いえいえ

De rien.

ドゥ　りアン

Merci.（メるスィ）への返事として、Je vous en prie.（ジュ ヴ ザン プり）よりもシンプルな De rien. を日常生活ではよく耳にします。軽く「いいえ〜」と答える感じです。

M memo Pas de quoi.（パ ドゥ クワ）「いいえ〜」

どういたしまして

Je vous en prie. / Je t'en prie.

ジュ　ヴ　ザン　プり　ジュ　タン　プり

vous を使った丁寧な言い方はどんな場面でも安心して使えるので、覚えておくとベターです。親しい間柄なら Je t'en prie. で OK です。

どういたしまして

Avec plaisir.

アヴェック　プレズィーr

感謝された際の返事として「私が喜んでやったことですよ」という意味を含む表現です。

M memo Ça me fait plaisir.（サ ム フェ プレズィーr）「どういたしまして」

こちらこそ

C'est moi.

セ　モワ

「私こそあなたに感謝します」を意味する C'est moi qui te / vous remercie.（キ トゥ ヴ るメるスィ）の省略形で、よく使う言い回しです。

M memo C'est normal.（セ ノるマル）「当然のことをしただけです」

ごめーん

ごめーん

Désolé(e).

デゾレ

失敗したり間違えたりして謝るとき最もよく使う表現です。頭に Je suis(ジュ スュイ) / Nous sommes(ヌ ソム) を付けて主語をはっきりさせるとより丁寧になります。

すみません

Pardon.

パるドン

歩いていて人とぶつかったり、電車やバスで降りるときに通してもらったり、ちょっとした迷惑をかけたときに軽く謝るならこの表現を使います。

申し訳ありません

Excusez-moi.

エクスキュゼ モワ

自分の非を認めて、よりきちんと謝罪したい状況で使います。親しい間柄なら Excuse-moi.(エクスキュズ モワ) になります。

本当に申し訳ありません

Toutes mes excuses.

トゥットゥ メ ゼクスキューズ

さらに心からの謝罪の意を丁寧に伝えたいときの表現です。主語が「私」なら mes、「私たち」なら nos(ノ) にします。

Point Je suis désolé(e).(ジュ スュイ デゾレ) は人が亡くなったときや悪いことが起こったときに「残念です、遺憾に思います」という意味でも使われます。

チュトワイエしない？

日本語の尊敬語や謙譲語ほどの複雑さはありませんが、フランス語にも話し方の丁寧さを使い分ける方法があります。主語をtu（チュ）「きみ」にして気軽に話すことをtutoyer（チュトワイエ）、主語をvous（ヴ）「あなた」にして丁寧に話すことをvouvoyer（ヴヴォワイエ）と呼び、文末の印象も「だよね」から「です」に変わります。初めて会う人やよく知らない相手にはまずはヴヴォワイエするのが無難です。

日本なら親しくてもあえて「です、ます」調で話すことがありますが、vousを使うと距離を置く感じが強くなるので友達同士ではまず使いません。友達相手のチュトワイエはいわゆる「タメロ」ですが、許容範囲は広く、先輩・後輩、上司・部下の関係でも親しくなればチュトワイエすることも大いにあり得ます。上下関係自体がそこまで厳しくないからなのでしょうか。まさに、言語は社会を映し出す鏡ですね。

家族の間でもチュトワイエが基本ですが、夫婦や親子でもヴヴォワイエする家庭が稀にあります。ヴヴォワイエのほうが相手を尊重する気持ちが感じられるのと同時に、一線を引くような印象を与えることもあり、なかなか奥が深いです。

知り合ったばかりで最初はヴヴォワイエしていても、話が盛り上がると途中からOn se tutoie ?（オン ス チュトワ）「チュトワイエしない？」と提案されることがあります。距離感が縮まるのはもちろん、日本人としてはtuのほうがvousよりも動詞の活用が楽なので助かります。フランス人が気張らずに使う日常会話をピックアップしているこの本では、基本的にチュトワイエでの表現をご紹介しています。

大丈夫だよ

大丈夫だよ

Pas de souci.

パ　ドゥ　ススィ

直訳すると「心配ないよ」ですが、「オッケー、大丈夫だよ」くらいの気軽な表現です。

M memo　Aucun souci.（オーキャン　ススィ）「大丈夫」

問題ないよ

Pas de problème.

パ　ドゥ　プろブレム

「ごめんね」と謝られたとき（➡ P21）の答えや、何かを頼まれて快諾するときなど、日本語での「大丈夫」と同様にさまざまなシチュエーションで使えます。

M memo　Aucun problème.（オーキャン　プろブレム）「問題ない」

気にしないで

C'est pas grave.

セ　パ　グらーヴ

「大したことじゃないよ」という意味で、とてもよく使われる表現。失敗したり間違ったりした人を励ますためにも使えます。

M memo　Ça va.（サ　ヴァ）「大丈夫」

ばっちりだね

C'est parfait.

セ　パるフェ

「完璧＝問題がない」ということなので、実際にはそこまでパーフェクトではなくても、「いい感じ」くらいの意味で使われます。

気にしないで

気にしないで

T'en fais pas.

タン　フェ　パ

何か失敗したり迷惑をかけたりして謝ってきた相手に対する返事として使えます。悩みや心配事がある人を元気づけることもできます。

心配ないって

T'inquiète pas.

タンキエットゥ　パ

pas を省略して T'inquiète ! とだけ言う場合もよくあり、ニュアンスとしては「だいじょぶ」と軽く答える感じです。

M memo　Ne te prends pas la tête.（ヌ トゥ プらン パ ラ テットゥ）「考えすぎないほうがいいよ」

わざわざいいのに

T'embête pas.

タンベットゥ　パ

s'embêter（サンベテ）「退屈する、うんざりする」を否定の命令形で使うと、自分のために何かしてくれた人、してくれようとしている人に対して、「わざわざしなくていいですよ、気を使わないで」という感じになります。

全然大丈夫だって

Ça fait rien.

サ　フェ　りアン

本来は Ça ne fait rien.（サ ヌ フェ りアン）ですが日常では ne を省いたこの表現をよく耳にします。ちょっとした失敗をして謝る相手に対して使えば、「大したことじゃないって」と安心させてあげられます。

オッケー

オッケー

D'accord.

ダコーr

どんな関係性でも使えるのでかなり頻繁に口にし、耳にします。「うんうん」と軽く相づちを打つ感じでも使われます。

M memo　C'est noté.（セ ノテ）「了解（ちゃんと覚えとくね）」大事なことを頭の中にメモするイメージです。

いいよ

Ça marche. / Ça roule.

サ マるシュ / サ るール

「物事がうまく運ぶこと」を見通した上で「了解した」というニュアンスがあります。Ça marche. の方が Ça roule. よりもよく使われます。

私はオッケー

Ça me va.

サ ム ヴァ

Ça va.（サ ヴァ）に「自分にとって」を意味する me を挟んで、「私はオッケーです」と自分が了承していることをより強調する言い回しです。

M memo　Ça m'arrange.（サ マらンジュ）「私にとって都合が良い」

いいよ

Pourquoi pas ?

プるクワ パ

「ダメな理由はないよね？」という否定が転じて「いいよ！」と肯定の返事になる、とてもフランス的なポジティブな表現です。

行ってきます／ただいま

行ってきます

J'y vais.

ジ　ヴェ

フランス語には「行ってきます」という決まったフレーズはありませんが、これを出がけに言えばその代わりになります。

また今晩ね

À ce soir.

ア　ス　ソワーr

夜に帰宅する場合の表現です。すぐ戻るなら À tout à l'heure.（ア トゥ タ ルーr）と、帰るタイミングによって言い方を変えるのは「またね」（P15）と同じです。

ただいま

C'est moi / nous.

セ　モワ　ヌ

「帰ってきたのは私／私たちだよ」と家にいる人に伝える表現です。

M memo Je suis là.（ジュ スュイ ラ） / Je suis rentré(e).（ジュ スュイ らントゥれ）「ただいま」

今日どうだった？

T'as passé une bonne journée ?

タ　パッセ　ユヌ　ボンヌ　ジュるネ

「おかえり」のようなお決まりの返しはありませんが、こんなふうに相手の一日がどうだったかを聞くことはよくあります。

M memo Salut.（サリュ）(P10)も「おかえり」として使えます。

P point 「行ってらっしゃい」として「良い一日を」（P17）や「またね」（P15）、「がんばって」（P68）などを使います。

そろそろ行くね

そろそろ行くね

Je te laisse.

ジュ トゥ レス

さりげなく会話を終わらせて、その場を去るときに役立つ決まり文句です。「私は君を放っておく」という意味の、とてもフランス的な表現です。Bon bah（ボン バァ）「それじゃ」（P46）を頭に付けるとさらに自然に切り出せます。

M memo Je vous laisse.（ジュ ヴ レス）「それでは失礼します」：相手が目上の人や複数の場合。

もう行くね

J'y vais.

ジ ヴェ

自分がその場を立ち去らなくてはいけないことを、相手が前もって知っている状況で使うとしっくりきます。「行ってきます」（P26）としても。

もう行かなくちゃ

Je dois y aller.

ジュ ドワ イ アレ

「そこ」を意味する代名詞の y を用いて、これから行く場所をぼかした状態で使えるので便利です。

M memo On doit y aller.（オン ドワ イ アレ）「（私たちみんな）もう行かなくちゃ」

すぐ行かなくちゃ

Il faut que j'y aille.

イル フォ ク ジ アイユ

Je dois y aller. に比べて、ほんの少し「今すぐ行かないとダメだ！」という感じが強まる言い回しです。

おやすみ

おやすみ

Bonne nuit.

ボンヌ　ニュイ

夜遅ければどんなタイミングでも使えるわけではなく、まさに寝る前の「おやすみなさい」としてだけ使う表現です。

もう寝るね

Je vais me coucher.

ジュ　ヴェ　ム　クシェ

dormir（ドるミーr）「眠る」、se coucher（ス クシェ）「横になる」というニュアンスの違いがあり、「そろそろ寝ようかな」というときはこちらのほうが自然です。

M memo　Je vais au lit.（ジュ ヴェ オ リ）「ベッドに行く＝寝に行く」

眠い

Je suis fatigué(e).

ジュ　スュイ　ファティゲ

「眠い」は J'ai sommeil.（ジェ ソメイユ）でと覚えた人が多いと思いますが、実は夜に眠くなったフランス人がよく言うのは fatigué「疲れた」の方なのです。

素敵な夢を見てね

Fais de beaux rêves.

フェ　ドゥ　ボー　れーヴ

これから寝る人に対して使えるちょっと素敵な決まり文句です。日本語にすると照れくさいですが、フランス語では言えてしまうんですよね。

P point　「おはよう」にあたる特別な表現はなく Bonjour.（ボンジューr）を使うのが一般的です。よく寝られたときには J'ai bien dormi.（ジェ ビアン ドるミ）よく寝られなかったら J'ai mal dormi.（ジェ マル ドるミ）と言いましょう。

行こっか

行こっか

On y va.

オ　ニ　ヴァ

具体的にどこかを言わず場所を示せる便利な代名詞 y（イ）を使った表現で、英語の Let's go. と同様に出発や開始を促すときに使います。

memo　Allons-y.（アロン ズィ）「そこに行こう＝行こっか」

もう行こう

On s'en va.

オン　サン　ヴァ

「用が済んで、これ以上この場にいる必要がないから立ち去ろう」というシチュエーションにはこのフレーズを。主語が自分だけなら、Je m'en vais.（ジュ マン ヴェ）です。

ほら早く！

Allez !

アレ

のんびりしている相手を急かすときに使います。スポーツの試合の応援では、「頑張れ、行け」と奮い立たせて励ます意味でも使います。

今行く！

J'arrive !

ジャりーヴ

「早く行こうよ」と急かされたときの返事。「行く」を直訳して Je vais.（ジュ ヴェ）と言いたくなりますが、フランス語では arriver（アりヴェ）「着く」を使います。

memo　後ろにdans（ダン）～ minutes（ミニュットゥ）を付ければ「～分後に」となります。

point　「私たち」はnous（ヌ）だと習いますが、日常会話ではon（オン）（P63）を使うほうが多いです。動詞の活用はil（イル） / elle（エル）と同じです。

楽しんでね！

「良い週末を」（P17）や「良いバカンスを」（P118）でおなじみの表現 Bon（ボン）(Bonne（ボンヌ）)～ですが、パーティーやコンサートなど、主にどこかへ出かける人への声がけとしても使えます。

よい旅を

Bon voyage.
ボン　ヴォワヤージュ

パーティー／飲み会楽しんできてね

Bonne fête.
ボンヌ　フェットゥ

お買い物楽しんできてね

Bon shopping.
ボン　ショッピング

食事／ワインをお楽しみください

Bonne dégustation.
ボンヌ　デギュスタシオン

楽しんできてね！

Amuse-toi bien !
アミューズ　トワ　ビアン

新居／新生活に早く馴染めるといいね

Bonne installation.
ボン　ナンスタラシオン

・引越しなどで家や環境が変わった人に対して。

コンサート楽しんできてね

Bon concert.
ボン　コンセーr

映画楽しんできてね

Bon cinéma (film).
ボン　スィネマ　フィルム

いただきます／召し上がれ

Bon appétit.
ボ　ナペティ

読書を楽しんでね

Bonne lecture.
ボンヌ　レクチューr

・本を貸したり贈ったりするときに。

楽しんできてね！

Profite bien !
プロフィットゥ　ビアン

病気／怪我が早く治りますように

Bon rétablissement.
ボン　れタブリスマン

ねえ、聞いて

ねえ、聞いて

Ecoute, ～

エクットゥ

「聞いて」という命令形の表現ですが、話始めのきっかけや、「ねえ」と注意を引くためにあまり深い意味を込めずに使えます。場合によっては、これから大切なことを言いますよ、と少し空気を変える合図にも。

あのさ

Tu sais, ～

チュ　セ

話の出だしにフランス人がよく口にする言い回しです。直訳は「あなたは知っている」ですが、実際に知っているかは関係ありません。「あれ、あれ」という感じで、言いたいことが思い出せない場合にも使えます。

M memo　チュ セ クワ
Tu sais quoi ?「ねえ知ってる？」

そういえば

Au fait, ～

オ　フェットゥ

話題を変えたり、ふと思い出した話を切り出したりするときに使います。

M memo　チアン
Tiens !「あっ、そうだ」

ちなみに

D'ailleurs, ～

ダイユーr

直訳すると「他の、外の」で、「それを言うなら」と話題を変えたり「それに加えて」と情報を追加したりするときに使います。

今ちょっといい？

時間ある？

T'as le temps ?

タ　ル　タン

直訳すると「時間を持っている？」ですが、「今ヒマ？ 時間ある？」というときの決まり文句です。

今話せる？

Je peux te parler ?

ジュ　プ　トゥ　パるレ

「あなたに話しかけてもいい？」という文字通りの表現で、ちょっと話があるときなどに使える決まり文句です。

ちょっと時間ある？

T'as deux minutes ?

タ　ドゥ　ミニュットゥ

直訳すると「2分持ってる？」ですが、なぜか「2分＝ほんの少しの時間」という意味で使われます。なので、確実に2分以上の時間を取られてしまうことを覚悟するのがいいかも。

ちょっといい？

Je te dérange pas ?

ジュ　トゥ　デらンジュ　パ

「私は君を邪魔していない？」というフレーズで、人に話しかける際に礼儀として添える決まり文句です。

M memo 否定形の質問なので、返事をする場合はnon（ノン）「いいよ」、si（スィ）「ダメ」となります。

ちょっとすみません

ちょっとすみません

S'il vous plaît.

スィル ヴ プレ

レストランやカフェで自分のことを見ていないウェイターさんを呼んだり、ショップでその場にいない店員さんに気づいてもらうにはこれを使います。後ろにMadame（マダム）やMonsieur（ムッスュー）をつけるとより丁寧になります。

M memo 「すみません」を直訳してExcusez-moi.（エクスキュゼ モワ）と言わないように注意。

あの…

Madame / Monsieur.

マダム ムッスュー

目の前にいる人に声をかけたいけれど名前がわからないとき、とりあえずMadame / Monsieurと言えば失礼はなく、気づいてもらえます。

M memo 若い女性であってもMademoiselle（マドモワゼル）ではなくMadameを使いましょう。

少しお時間いいですか？

Vous avez deux minutes ?

ヴ ザヴェ ドゥ ミニュットゥ

店員さんや目上の人に対して、「ちょっとお時間をいただけますか？」とかしこまった感じで使えます。

ちょっと教えてほしいんですが

J'ai besoin d'un petit renseignement.

ジェ ブズワン ダン プチ らンセニュマン

具体的に聞きたいことがあるときはこのように声をかけます。「情報」という意味のrenseignementにpetitをつけることで、大げさな感じがなくなり「知りたい内容」ぐらいの意味になります。

いろいろ使える S'il vous plaît.

「ボンジュール」と並んで、日本で有名なフランス語といえばS'il vous plaît。親しい相手に言うときはS'il te plaît.になります。基本的な意味は「お願いします」ですが、さまざまなシチュエーションで使える便利な言葉です。

1つ目は、英語のPleaseと同じような使い方。直訳するとまさに「よろしければ」で、人に何かをお願いするときにフレーズの最後に付けるとより丁寧になります。子供が「〜ちょうだい」とだけ言うと、大人は「他に何か言わないといけないことがあるんじゃない？」とS'il te plaît.やS'il vous plaît.を付け加えるように促すほど、大切なマナーの1つと考えられています。

2つ目は注文するとき。欲しいものの名前に「スィル ヴ プレ」を付けるだけで注文ができる、一番短くて簡単な方法です。例えば、コーヒー1杯ならUn café, s'il vous plaît.となります。また、道を尋ねたり、タクシーで行き先を伝えたりする際にもL'Arc de Triomphe, s'il vous plaît.「凱旋門までお願いします」という風に使えます。偉そうな言い方にならないよう、ソフトな口調で笑顔とともにお願いしましょう。Je voudrais 〜.（P65）もそうですが、自分の要望を伝えることは複雑な文章を使わなくても意外とできるものです。

3つ目は、人を呼び止めるとき。「ちょっとすみません」（P33）でも紹介しているとおり、カフェやレストラン、ショップで店員さんを呼び止めたいときに使います。

体調がいい

（体の）調子がいい

Je suis en forme.

ジュ　スュイ　ザン　フォるム

あるべき姿や形に整っている、というイメージのこの表現は、体調や気分が優れているときに気軽に使えます。santé「健康」を用いたJe suis en bonne santé. よりもこちらの言い回しの方が自然です。

M memo　En pleine forme.「快調！」

気分が（すごく）いい

Je me sens (très) bien.

ジュ　ム　サン　トゥれ　ビアン

体調が整っていて気分が優れているときに使える表現です。ぐっすり寝た後やマッサージをしてもらって心も体もスッキリしたときなどにぴったり。

M memo　Je vais (très) bien. ／ Ça va (très) bien.「（とても）元気」

元気いっぱい

J'ai la pêche.

ジェ　ラ　ペッシュ

手に桃を持って元気いっぱい！というなんとも可愛らしい表現ですが、普段からよく耳にします。

気持ちいい／すっきりした

Ça fait du bien.

サ　フェ　デュ　ビアン

食事やお風呂の後の身体的な満足感や心地良さを表すだけでなく、問題が解決したり気晴らしに出かけたりして爽快な気分になったときにも使えます。

体調が悪い

体調が悪い

Je suis pas en forme.

ジュ　スュイ　パ　アン　フォるム

体調が優れないときは、Je suis malade.（ジュ スュイ マラードゥ）「私は病気だ」とはっきり言う代わりに、このフレーズが便利です。

M memo　Je suis un peu malade.（ジュ スュイ アン プ マラードゥ）「ちょっと病気だ＝ちょっと体調が悪い」

調子が（あまり）良くない

Je me sens pas (très) bien.

ジュ　ム　サン　パ　トゥれ　ビアン

「なんか調子悪い」や「(急に) 気持ち悪くなってきた」というニュアンスでも使えます。

風邪ひいちゃった

J'ai attrapé froid.

ジェ　アトゥらぺ　フろワ

ごく一般的な「風邪をひいた」の表現がこちら。それ以外では une angine（ユ ナンジン）「喉風邪」、un rhume（アン りュム）「鼻風邪」、une grippe（ユヌ グリップ）「インフルエンザ」といった具体的な風邪の種類を J'ai（ジェ）～で表します。

ゆっくり休んでね

Repose-toi bien.

るポーズ　トワ　ビアン

病気ではないけれど、体調が悪い人や疲れている人に対して使える声がけです。試験など大きなイベントを終えた人に使ってもいいですね。

M memo　Soigne-toi bien.（ソワーニュ トワ ビアン）「お大事にね」：直訳は「自分のケアをちゃんとして」と冷たい印象ですが、気づかいと優しさのこもったフレーズです。

お腹すいた／お腹いっぱい

お腹すいた

J'ai faim.
ジェ　ファン

faim は元々「飢え、飢餓」の意味なので大げさな感じもしますが、空腹なときに使う最も基本的な表現です。

M memo　J'ai pas faim.（ジェ パ ファン）「お腹がすいてない」／J'ai soif.（ジェ ソワフ）「喉が渇いた」

小腹がすいた

J'ai un petit creux.
ジェ　アン　プチ　クる

creux「へこみ」で空腹でおなかが少しへこんでいるのをイメージできる面白い表現です。J'ai faim. よりも間接的で上品な言い方なので、大人同士の会話で使うとスマートです。

もうお腹いっぱい

J'ai plus faim.
ジェ　プリュ　ファン

J'ai pas faim.（ジェ パ ファン）が単純に「お腹がすいていない」という意味なのに対し、pas を plus に置き換えると「もうこれ以上は食べられない」というニュアンスになり、食事の後に使う表現になります。

M memo　J'ai trop mangé.（ジェ トゥろ マンジェ）「食べ過ぎた＝お腹いっぱい」

これでお腹いっぱいになったわ

Ça m'a calé(e).
サ　マ　カレ

caler（カレ）はガタガタするテーブルの脚の下に何かを挟むときなどに使う「固定させる、安定させる」という意味の動詞です。満腹でお腹が落ち着くというイメージです。

はいどうぞ

はいどうぞ

Voilà.

ヴォワラ

頼まれた物を手渡しするときの「はいどうぞ」のほかに、何かを見せるときの「ほら見て」という意味でも使えます。

こちらが～です

Voici ～ .

ヴォワスィ

Voilà. に似ていますが、Voici le(ル) stylo(スティロ).「こちらがそのペンです」など、必ず物の名前を後ろに付けて使います。Voilà. よりも丁寧な印象を与えるので、サービスする側がお客様に対して使うことが多いです。

はいこれ

Tiens.

チアン

直訳すると「持って」。親しい間柄で物を手渡すときに使います。

M memo 丁寧に言いたいときはTenez(トゥネ).「こちらをどうぞ」を使います。

もっとほしい？

T'en veux encore ?

タン　ヴ　アンコーr

Voilà. と言って何かを手渡した後に、もっとほしいかどうか聞くならこれ。おかわりをするときによく使われます。ほしいときは Oui(ウィ), je(ジュ) veux(ヴ) bien(ビアン). や S'il(スィル) te(トゥ) plaît(プレ). と答え、いらないなら Non(ノン), merci(メるスィ). と答えます。

Encore(アンコーr) plus(プリュス) ?「もっとほしい？」

疲れた

疲れたー

Je suis fatigué(e).

ジュ　スュイ　ファティゲ

フランス語学習の最初のほうで覚えるこの表現、実際のところよく使われます。肉体的な疲れはもちろん、精神的に疲れて「うんざりだ、もう嫌だ」と思ったときにも使えます。

M memo 「眠い」（P28）という意味でも使います。

へとへとだー

Je suis épuisé(e).

ジュ　スュイ　エピュイゼ

元々は商品などの在庫がなくなることで、そこから「力尽きた」という意味でも使われます。fatigué よりももっと疲れ切った感じが出ます。

死にそうー

Je suis crevé(e).

ジュ　スュイ　クるヴェ

元々はタイヤなど物に穴が開いた状態のことです。あまり上品な表現ではないので親しい間柄だけで使いましょう。

M memo ジュ スュイ モーr(モるトゥ)
Je suis mort(e).「私は死んだ＝死ぬほど疲れた」

倒れそうー

Je suis claqué(e).

ジュ　スュイ　クラケ

地面に叩きつけられたようなイメージで、本当に疲れ切った状態です。

P point 他にも lessivé(e)（レスィヴェ）「洗剤で洗われた」など、「疲れた」を意味する表現はイメージがわきやすいものが多くて面白いです。

忙しい

忙しい／手が離せない

Je suis occupé(e).

ジュ　スユイ　ゾキュペ

occuper（オキュペ）は「占める、満たす」という意味で、忙しくて手一杯なイメージです。仕事や勉強で忙しいときはもちろん、電話中だったり何か用事をしていて手が離せないときにも使えます。

とても忙しい

Je suis débordé(e).

ジュ　スユイ　デボるデ

déborder（デボるデ）は「溢れる」という意味で、まさにやることがたくさんありすぎて、occupé よりもさらに忙しいイメージです。

仕事が大変

Je suis chargé(e).

ジュ　スユイ　シャるジェ

直訳すると「重荷を課された」という意味で、特に仕事で忙しいときによく使う表現です。文字通り、買い物帰りで荷物を手にいっぱい持っていて大変、というときにも使えます。

～する暇すらない

J'ai même pas le temps de ～.

ジェ　メム　パ　ル　タン　ドゥ

J'ai pas le temps.「時間がない」に、même を加えて「すらない」と強調できます。～には動詞を入れて使います。

M memo J'ai même pas le temps de manger（マンジェ）.「食べる時間すらないわ」

最近は／この頃は

ここのところ

En ce moment, ~

アン ス モマン

moment「瞬間」を使っているものの、「いま」を意味する maintenant（マントゥナン）に比べると、ある程度長いスパンの状態を指します。

memo Je suis occupé maintenant.（ジュ スュイ ゾキュペ マントゥナン）「いま忙しい」：maintenantはいま現在、長くても1～2日ほどというニュアンスです。

この頃は

Ces derniers temps, ~

セ デるニエ タン

話し始めるきっかけとして便利な表現ですが、もちろん文章の終わりに付け加えても使えます。この dernier は「最後の」ではなく「最新の、直近の」を意味します。

memo Ces derniers jours（ジューr） / mois（モワ）.「ここ数日／数ヶ月」

最近は

Récemment, ~

れサマン

文字通り「最近は」を意味する副詞で、文頭にも文末にも使えます。

昨日から

Depuis hier, ~

ドゥピュイ イエーr

hier の部分に日付や時間を表す単語を入れ替えて使えます。

memo Depuis 10 heures（ディ ザーr） / l'année dernière（ラネ デるニエーr） / ce matin（ス マタン） / lundi dernier（ランディ デるニエ） / le 5 mars（ル サンク マるス） / longtemps（ロンタン）.「10時から／去年から／今朝から／この前の月曜日から／ 3月5日から／ずいぶん前から」

いつも通りに

いつも通りに

Comme d'habitude.

コム　ダビチュードゥ

「今日何時に帰ってくるの？」といった質問への返事としてひとことで使ってもよいですし、文頭や文末に付け加えても使えます。

M memo 短縮形はComme d'hab.（コム ダブ）

いつもと同じく

Comme toujours.

コム　トゥジューr

Comme d'habitude.「いつも通りに」と似た感覚で使えますが、「いつもとまったく同じ、変わらずに」という意味がより強いかもしれません。

普段は

D'habitude, ~

ダビチュードゥ

返事としてひとことでは使うことはなく、主に「普段は、～している」という感じで文章の出だしに言うのが自然です。

大抵は

La plupart du temps, ~

ラ　プリュパーr　デュ　タン

直訳すると「時間の大部分」という意味で、「大体いつも」といったニュアンスで使えます。

いつも～絶対ない

日常生活でよく耳にする、頻度を表す表現をずらりと集めてみました。質問に対して oui(ウィ) や non(ノン) に加えて具体的な頻度を答えられたら、会話がより弾みます。

toujours / tout le temps　いつも
トゥジューr　トゥ　ル　タン

très souvent　かなり頻繁に
トゥれ　スヴァン

assez souvent　結構頻繁に
アッセ　スヴァン

souvent　頻繁に
スヴァン

d'habitude / habituellement　普段は（P42）
ダビチュードゥ　アビチュエルマン

de temps en temps / des fois / parfois　ときどき
ドゥ　タン　ザン　タン　デ　フォワ　パるフォワ

une fois de temps en temps　たまーに
ユヌ　フォワ　ドゥ　タン　ザン　タン
：直訳「合間合間に1度」

pas souvent　あまりない
パ　スヴァン

pas très souvent　それほど頻繁ではない
パ　トゥれ　スヴァン

pas toujours / pas tout le temps　いつも／常にではない
パ　トゥジューr　パ　トゥ　ル　タン

rarement　稀に／珍しい
らーるマン

très rarement　かなり稀に／かなり珍しい／滅多にない
トゥれ　らーるマン

jamais　一度もない
ジャメ

なるほど

なるほど

Je vois.

ジュ　ヴォワ

「よく納得した」というよりは「そうなんだね、そうですか」と軽く相づちを打つくらいで、「うん」とあまり変わりません。

M memo　Tu vois ?（チュ ヴォワ）「わかった？」

わかるわぁ

Je comprends.

ジュ　コンプらン

話を聞いて理解できたときや、相手に共感を示したいときに使います。

M memo　J'ai compris.（ジェ コンプり）と過去形にすると「わかった、理解できた」ということがより強調されます。

私もそう思う

Je suis d'accord.

ジュ　スュイ　ダコーr

相手の言っていることに賛成するときに使います。(➡ P25)

M memo　Je suis d'accord avec toi.（アヴェック トワ）：avec toiを加えると「あなたの言っていることに賛成」という気持ちが強調されます。

そのとおりだね

T'as raison.

タ　れゾン

「あなたが正しい」という意味ですが、自分も賛成だよという気持ちを込めて「ほんとそうだよね」くらいの気軽な相づちとしても使います。

違うよ

全然違うってば！

Mais non !
メ　ノン

Mais「でも、しかし」を頭に付けると、non「いいえ」が強調されます。「メ ノォーーン」と伸ばせば否定したい気持ちがさらに伝わります。

M memo Mais si !（メ スィ）「そうだってば！」：相手のフレーズが否定形で、それに反対したい場合は、Mais si. と答えましょう。

そうじゃなくて

C'est pas ça.
セ　パ　サ

超シンプルな「そうではない」という言い回しです。より強調したいときは、C'est pas du tout ça.（デュ トゥ サ）「まったくそうではない」と言いましょう。

M memo C'est pas exactement ça.（エグザクトゥマン サ）「正確にはそうじゃない」

そうじゃないと思うけど

Je pense pas.
ジュ　パンス　パ

やんわりと否定したいとき、100% 確実ではないけれど、「自分は（そうは）考えない」という言い回しを使うとよいでしょう。

M memo Je ne suis pas d'accord.（ジュ ヌ スユイ パ ダコーr）「私は賛成できない」 Je suis contre.（ジュ スユイ コントゥる）「私は反対だわ」

その反対だよ／それどころか

Au contraire.
オ　コントゥれーr

相手の言うこととはまったく逆なんだと訴えたいときに使います。

つなぎ言葉で
ネイティヴっぽさをアップ！

言いたいことや次のフレーズがパッと出てこない時、「えーと」「うーん」「あのぉ」といった、いわゆるつなぎ言葉が自然と口をついて出ますが、フランス人も全く同じです。最もよく耳にするつなぎ言葉はEuh（ウー）とBah（バァ）でしょう。さほど違いはありませんが、Euhは考えながら話したり、思い出せない言葉を探したりするときに使うイメージで、Bahは相手からの言葉を受けて、それならどうしようかな、という風に返事をする前に付けることが多いです。例えば、Bah（バァ）, je（ジュ） pense（パンス） que（ク） je（ジュ） peux（プ） venir（ヴニーr） te（トゥ） chercher（シェるシェ）...euh（ウー） vers（ヴェーr） 8（ユイ） h（ターr）.「えーと、迎えに行けると思うよ…うーん、8時ぐらいには」という感じです。

会話のきっかけを作る、「さて」「それじゃあ」「よしっ」に当たるつなぎ言葉としては、Bon（ボン）、Bon（ボン） bah（バァ）、Eh（エ） bien（ビアン）などがよく使われます。単刀直入にOn（オ） y（ニ） va（ヴァ）？（P29）と言うよりも、Bon bah, on y va？「じゃ、行こっか？」とすると、ナチュラルな流れが生まれます。

どれも意味をなさない単なる「音」ではありますが、単語やフレーズの間を埋めるこうしたつなぎ言葉にこそ、フランス語特有のリズムやテンポが潜んでいるような気がします。ほんの些細なことですが、「えーと」の代わりにEuhやBon bahを意識的に使うことで、「フランス人っぽい話し方」や「フランス語っぽくナチュラルに響く会話」へと近づけるかもしれません。もちろん、つなぎ言葉を多用すればするほど、美しい話し方から遠ざかってしまうのは、日本語もフランス語も同じなので、ごく自然に、適度な頻度で使うようにしましょう。

どっちでもいいよ

どっちでもいいよ

Ça m'est égal.
サ　メ　テギャル

どっちがいい？と質問されたときに、特に希望がなければこのフレーズで返しましょう。優しいトーンで言うのが大切です。

決めていいよ

Comme tu veux.
コム　チュ　ヴ

特に好みがない場合は、「あなたの好きなように」と返事しても OK です。

M memo　J'hésite encore.（ジェズィットゥ　アンコーr）「まだ迷うなぁ」

場合によるね

Ça dépend.
サ　デパン

Ça dépend de（ドゥ）～. で具体的な条件を言えます。

M memo　Ça dépend du prix.（デュ　プり）「値段によるかな」

なんでもいいよ

Peu importe.
プ　アンポるトゥ

「ほとんど重要ではない＝どうでもいい、なんでもいい」という意味で、特にこだわりがない場合に使える決まり文句です。ぶっきらぼうにならないよう注意。

P point　希望や好みを聞かれたら、遠慮せずはっきりと答えるのがベター。気づかいのつもりで返事をすると、額面通りに取られる可能性が大きいです。

だよね

だよね〜

C'est sûr.

セ　スューr

「それは確実だ」というフレーズですが、感覚的には軽く「だよね」と賛成する場合に使います。

M memo かしこまった場面ならTout à fait.（トゥ タ フェ）「その通りですね」

そうだと思ってた

Je m'en doutais.

ジュ　マン　ドゥテ

「私はそう疑っていた」という直訳の通り、予感していたことや、ずっとそうだとにらんでいたことが正しいと明らかになったときに使います。

M memo Je le savais.（ジュ ル サヴェ）「知ってた」

それな

C'est ça.

セ　サ

シンプルな言い回しですが、強弱をつけたり素早く言ったり、「セッサー」と含みを持たせたりと、言い方次第でいろいろなニュアンスを表現できます。

やっぱそうだよね？

Voilà.

ヴォワラ

なんとなく想像できたり、うっすら感じていたりしたことが、相手の話によってはっきり分かった瞬間に、思わず口をついて出る表現です。

M memo Tu m'étonnes.（チュ メトンヌ）「でしょうね」：「あなたは私を驚かせる」が皮肉的に「驚かない」になります。

分かる／分からない

分かった

Je comprends.

ジュ　コンプらン

きちんと理解した上で返事をするときに使います。過去形の J'ai compris.（ジェ コンプり）は、理解したことをより強調できます。

M memo 相づちの「うん、分かる」はJe vois.（ジュ ヴォワ）（P44）がしっくりきます。

理解できない

Je comprends pas.

ジュ　コンプらン　パ

いわゆる「分からない」なのですが、より「理解できなかった」という意味合いが強いです。相手の言っていることに対して納得できない、賛成できないというニュアンスで使うこともできます。

（やっと）気づく／理解する

Je m'en rends compte.

ジュ　マン　らン　コントゥ

直訳すると「自分に説明、報告する」で、いままで分からなかったことを理解したり、ようやく気づいたという意味で頻繁に使われるイディオム表現です。現在形ですが、「やっと分かった」と過去形の訳に近いです。

分からない／分からなかった

Je sais pas. / Je savais pas.

ジュ　セ　パ　ジュ　サヴェ　パ

シンプルにその物事を「知らない」という意味の他に、予定や意見を聞かれたときに「分からない」と答えるのにも使います。ne を抜かずに正しく Je ne sais pas.（ジュ ヌ セ パ）と言う人も多いです。

M memo J'en sais rien.（ジャン セ りアン） / Aucune idée.（オーキュ ニデ）「全然分かんない」

知っている／知らない

知ってる／知らない（分かってる／分からない）

Je sais. / Je sais pas.
ジュ　セ　ジュ　セ　パ

その物事を「知っている」というときに使います。指摘や念押しされたときに「言われなくても分かってるって！」というニュアンスで答えることもできます。

（その人・物事を）知ってる／知らない

Je connais ~. / Je connais pas ~.
ジュ　コネ　ジュ　コネ　パ

人や場所、物事などを見聞きしたり体験したりして知っているというときにはこちらのフレーズを使います。

M memo Tu connais Tokyo ?（チュ コネ トーキョー）「東京知ってる？＝東京に行ったことある／住んだことある？」

（その人・物事の）名前だけは知ってる

Je connais ~ de nom.
ジュ　コネ　ドゥ　ノン

名前だけは聞いたことがあるよ、という場合は de nom を加えれば OK です。

（その話は）聞いている／聞いてない

Je suis au courant. / Je suis pas au courant.
ジュ　スュイ　ゾ　クラン　ジュ　スュイ　パ　ゾ　クラン

「流れ」を意味する courant を使ったイディオムで、その物事に「通じている」というイメージです。特に多くの人が知らないようなことについて、すでに聞かされて知っているよ、という場合がしっくりきます。

そうでしょ？

そうでしょ？

N'est-ce pas ?
ネ　ス　パ

ce n'est pas（ス ネ パ）「それではない」の疑問形で、相手に同意を求める表現です。これだけで使っても、文章の最後に付け加えても OK です。

M memo 文の最後に non（ノン）? を付けても同じような意味になります。

ね？

Tu vois ?
チュ　ヴォワ

直訳すると「わかる？」で、相手が自分の言っていることをわかってくれたか確認したいとき、軽く念を押したいときに使います。

わかってる？

Tu te rends compte ?
チュ　トゥ　らン　コントゥ

相手がしっかり理解してくれたかどうかを確認したいときに使います。Tu vois（チュ ヴォワ）よりも相手に迫る感じがあります。

M memo 「分かる／分からない」（P49）

〜ってわけなのよ

〜, quoi.
クワ

話し言葉で文の最後に quoi を付けると、言いたいことを強調することができます。頻繁に使われる表現なので知っていると便利です。

M memo
タ　トゥジューr　パ　フィニ　ドゥ　らンジェ　タ　シャンブる　タ　アンヴィ　ドゥ　りアン　フェーr　クワ
T'as toujours pas fini de ranger ta chambre ? T'as envie de rien faire, quoi !
「まだ部屋の片付け終わってないの？つまり何にもしたくないってわけね！」

絶対そうだよ

絶対そうだって

J'en suis sûr(e).

ジャン　スユイ　スューr

「そうに違いない」と自信があるときの決まり文句です。

M memo　ジャン スユイ せるタン(せるテンヌ) J'en suis certain(e).「絶対そう思う」

ほんとだってば

Je te jure.

ジュ　トゥ　ジューr

「私は君に誓う」という表現で、自分の発言や行動が「本当であると信じてほしい」という気持ちがよりこもっています。

M memo　ジュ タスューr Je t'assure.「保証するよ」

それは確実

Ça c'est sûr.

サ　セ　スューr

C'est sûr. の前に Ça を付けた決まり文句で、「そりゃそうでしょ」と分かりきったことに対して使います。棒読みっぽく言えば「それな」という感じになります。

絶対そうだよね

C'est clair / évident.

セ　クレーr　テヴィダン

誰がどう見ても明らかでしょう、という状況で使えます。「バレバレだよね」というニュアンスもあります。

M memo　セ スューr エ せるタン C'est sûr et certain.「どう考えても確実だよね」：「確かである」という形容詞を重ねて用いた、これ以上ない言い回し。

どう思う？

どう思う？

Qu'est-ce que t'en penses ?

ケ　ス　ク　タン　パンス

相手の感想や意見を聞くための、最も一般的な言い回しです。少し長いフレーズですが、音の響きで丸暗記して使いましょう。

どうよ？

T'en dis quoi ?

タン　ディ　クワ

よりシンプルなバージョンはこちら。「どう思う？あなたの意見は？」という問いかけになります。

M memo （直訳）あなたは何て言う？

あなたの意見は？

À ton avis ?

ア　ト　ナヴィ

簡単なだけにぶっきらぼうに聞こえてしまう可能性もあるので、やわらかく言ってみましょう。

M memo À mon avis（ア モ ナヴィ）「私が思うに」（P80）

興味ある？

Ça te dit ?

サ　トゥ　ディ

相手を誘ったり何かを提案したりした後で、興味があるかどうかを尋ねるフレーズです。

M memo （直訳）それはあなたに言う？

M memo Alors ?（アローr）「で、どう思う？」：親しい間柄に限って使い、偉そうに聞こえないよう、ソフトに聞きましょう。

知ってるかも

知ってるかも

Ça me dit quelque chose.
サ　ム　ディ　ケルク　ショーズ

直訳で「それが私に何かを言う」という文が「知っているような気がする」の意味になるのは、なんだか詩的でイメージが湧きやすいですね。

全然知らない／覚えてない

Ça me dit rien.
サ　ム　ディ　りアン

反対に「それは私に何も言わない」は「全然覚えがない、知らない」という意味になります。

なんか見覚えがある／知っている気がする

Ça me rappelle quelque chose.
サ　ム　らペル　ケルク　ショーズ

直訳すると「それが私に何かを思い出させる」です。

〜のこと知ってる？

Tu connais 〜 ?
チュ　コネ

人や物のことを知っているかどうか聞きたいときの表現です。(➡ P50)

Point
dire（ディーr）「言う」の代わりにparler（パるレ）「話す」を使うÇa me parle.（サ ム パるル）は「それに興味ある、よく知っている」、Ça me parle pas.（パ）は「興味ない、よく知らない」という意味になります。

確かに～たぶんね

確実さの度合いを伝えられる便利な表現で、ひと言で使ったり、Oui（ウィ）や Non（ノン）に続けて使ったりするのもおすすめです。C'est（セ）から始まる表現以外は文頭や文末にプラスしても OK です。

C'est sûr.（セ スューr） それは確実だ

Sans aucun doute.（サン ゾーキャン ドゥットゥ） 絶対に間違いなく
：直訳「一点の疑いなく」

Sûrement.（スュるマン） 確実に

Certainement.（セるテヌマン） 確かに

Sans doute.（サン ドゥットゥ） おそらく
：直訳「疑いなく」

Probablement.（プろバブルマン） おそらく

Apparemment.（アパらマン） どうやら、見たところ

Peut-être.（プ テートゥる） 多分ね、かもね

C'est pas sûr.（セ パ スューr） 定かではない、確実ではない

C'est pas sûr du tout.（セ パ スューr デュ トゥ） まったく定かではない

ほらやっぱり／まったくもう

その一語だけで気持ちの込もった答えになる言葉を知っていると便利です。もちろん、文頭や文末に加えても OK です。

ほらやっぱり
Décidément.
デスィデマン

そのとおり
Exactement.
エグザクトゥマン

そのとおり
Complètement.
コンプレットゥマン

確実にそうだよ
Sûrement.
スュるマン

明らかに
Clairement.
クレーるマン

ラッキーなことに
Heureusement.
ウるーズマン

まったくもう
Franchement.
フらンシュマン

そのとおり
Absolument.
アプソリュマン

確実にそうだよ
Certainement.
セるテヌマン

そりゃそうだ
Évidemment.
エヴィダマン

確かに
Effectivement.
エフェクティヴマン

残念なことに
Malheureusement.
マルるーズマン

らしいよ

自分が言うことの正否を曖昧にしたいときや、口調を和らげたいとき、文章の最後に付け加えると便利な表現です。

たぶんそうだと思う

J'imagine.
ジマジン
・直訳「私は想像する」

そう思う

Je crois.
ジュ クろワ
・直訳「私は思う」

そんな気がする

J'ai l'impression.
ジェ ランプれッスィオン
・直訳「私はその印象を持つ」

そうらしい

Il paraît.
イル パれ
・直訳「それはそのように見える」

ぽいね

Ça a l'air.
サ ア レーr
・直訳「それはそのような様子を持つ」

そういう話らしい

On dirait.
オン ディれ
・直訳「私たち（人々）が言っているようだ」

おそらく

Apparemment.
アパらマン
・直訳「一見すると、見たところ」

そうみたい

Il me semble.
イル ム サンブル
・直訳「私にはそのように見える」

だと思うけど

Je suppose.
ジュ スュポーズ
・直訳「私は推測する」

マジで？

マジで？

Sérieux ?

セリユー

sérieux の言葉尻を上げ気味に、質問口調で言います。自分や相手が女性であっても男性形の sérieux を用います。若い人が使うくだけた表現です。

え、そうなの？

Ah bon ?

ア　ボン

驚きのリアクションを表すシンプルな決まり文句です。理解していないけれど、とりあえず「へぇ、そうなんだ」と答えるのにも便利です。

さすがにそれはないでしょ！

Quand même pas !

カン　メム　パ

それは大げさだよ、というニュアンスで使えます。quand même は場面でさまざまに意味が変わる、とてもフランスらしい表現と言えます。（➡ P116）

冗談でしょ？

Tu plaisantes ?

チュ　プレザントゥ

「ウソでしょ？」という気持ちを含んだ返事になります。

M memo　チュ ディ ナンポるトゥ クワ
Tu dis n'importe quoi.「いい加減なこと言って～」：よりウソに近い適当なことを言っているなと思ったらこちら。

ウソでしょ？／信じられない

ウソでしょ？

C'est pas vrai.

セ　パ　ヴれ

mensonge（マンソンジュ）「嘘」は使わずに、「真実ではない」という言い回しをするのが自然です。とはいえ、そこまで深い意味はなく気軽に使えます。

memo C'est pas possible !（セ パ ポスィーブル）「ありえない！」：否定的な意味が濃いです。

信じらんない

J'y crois pas.

ジ　クろワ　パ

自分の考えや予想に反する事実が判明したときなど、少なからずショックを受けたニュアンスが含まれています。

memo J'arrive pas à y croire.（ジャりーヴ パ ア イ クろワーr）「信じられない」J'ai du mal à croire.（ジェ デュ マル ア クろワーr）「信じがたい」：いずれもまだ少し信じたい気持ちが残っている印象です。

びっくりなんだけど

J'en reviens pas.

ジャン　るヴィアン　パ

J'y crois pas. と同じ用法ですが、まったく想像していなかったからすごくびっくりした！ というシチュエーションにしっくりきます。

memo （直訳）私はそこから戻らない。

また大げさな

T'exagères.

テグザジェーr

日本語の「またまた〜」「それは言い過ぎでしょ」といった感覚で使えます。

point 「フランス人は否定形がお好き！？」（P75）も参照。

冗談だよ

冗談だよ

Je plaisante / rigole.

ジュ　プレザントゥ　りゴル

冗談のつもりで言った場合はもちろん、相手が予想外の反応をしたために、こう言ってごまかす人もいたりします。

またまた～

Tu plaisantes / rigoles.

チュ　プレザントゥ　りゴル

相手に「冗談でしょ？」と問うフレーズですが、転じて「あなたの言っていることは信じられない」というニュアンスになります。

M memo　Ça me fait pas rigoler.（サ ム フェ パ りゴレ）「笑えないんだけど」

からかっただけだよ

Je te taquine.

ジュ　トゥ　タキーヌ

悪気なくちょっとからかった後に、取りなすように使う表現です。

冗談じゃん

C'est pour rire.

セ　プーr　りーr

直訳は「それは笑うため」。からかった相手がムッとしたら、こう言ってなだめます。

M memo　これへの返しにはC'est pas drôle.（セ パ ドゥろール）「面白くない」が使えます。

P point　フランス人はからかいや皮肉が好きですが、本当に嫌な気持ちがしたら、Arrête !（アれットゥ）「やめて」とはっきり言ってもよいでしょう。

てことは

てことは

Du coup, ～
デュ　ク

元々の意味は「途端に」でしたが、次第に「その結果」の意味になりました。相手の話を聞いて、それに対して「てことは～だよね」と自分の意見を言うとき、文頭で使うと自然です。

M memo Donc（ドンク）「てことは」

それなら

Dans ce cas, ～
ダン　ス　カ

直訳すると「その場合は」ですが、そんなに堅い話でなくても「それなら」という意味で軽く使えます。

M memo Dans ce cas-là（ダン ス カ ラ）「それなら」

てことはどういうこと？

C'est-à-dire ?
セ　タ　ディーr

「言い換えれば、つまり」という意味の表現ですが、疑問符をつければ、相手によりはっきりした説明を求めるときに使えます。

M memo Ça veut dire quoi ?（サ ヴ ディーr クワ）「てことはどういう意味？」

でなければ／そういえば

Sinon, ～
スィノン

文頭で２つの使い方ができます。

そんな感じのもの

そんな感じのもの

Quelque chose comme ça

ケルク　ショーズ　コム　サ

何なのかはっきりわからなくて、ぼんやりしたものを指す便利な言葉です。ショートメッセージなどでは quelque chose（ケルク ショーズ）を qqch と略すと便利です。

～なもの

Quelque chose de ～

ケルク　ショーズ　ドゥ

de の後に形容詞を続け、具体的にイメージしているものを表現できます。

Quelque chose de difficile / simple / bizarre / marrant（ケルク ショーズ ドゥ ディフィスィル／サンプル／ビザーr／マらン）「難しいもの／シンプルなもの／変なもの／面白いもの」

～みたいなやつ

Une sorte de ～

ユヌ　ソるトゥ　ドゥ

直訳すると「～の類い」で、はっきり何なのかはわからないけれど、他のものに似ているときこう表現します。

Un truc comme ～（アントゥりュック コム）「～のようなもの」：丁寧な言い方ではないので、使う相手に注意です。

いわゆる～／～とかいうもの

Soi-disant ～

ソワ　ディザン

直訳すると「自称」で、本人や世間がそう考えている何かのことを話すときに、確証はないという気持ちを示すために使います。

Entre guillemets（アントゥる ギメ）「カッコつきの」

文法通りに話すとぎこちない？
自然に話すヒント

フランス語の否定文は動詞をneとpasではさむのが基本です。たとえば「お腹がすいていない」（P37）は正確にはJe n'ai pas faim. ですが、neを省略してJ'ai pas faim.と言う人が大半です。文法の先生には怒られそうですが、普段の会話では否定文のneを省略する方が、より自然に聞こえます。この本で紹介する否定表現でneを省略しているのはこのためです。ただしこれが許されるのは話し言葉に限られるので、書き言葉では忘れずにneを入れましょう。

「分からない、知らない」（P49、P50）はJe ne sais pas.ですが、これも「ジュ ヌ セ パ」と言う人は皆無に近く、「ジュ セ パ」、さらにJeさえも発音が曖昧になって「シェパ」と聞こえることも。しっかり文法を学んだ後は、一旦教科書から離れ、映画や動画などで実際にフランス人の話し方をじっくり聴いてみると、フランス語らしく話すヒントが見つかるかもしれません。

カジュアルな会話では「私たち」が主語の文章でnousよりもonを使うほうが多いのも、自然に話すには大事なポイントです。逆にnousを使うときちんとした印象になるので、TPOに合わせて使い分けましょう。ちなみにonは「私たち」という意味でnousの代用になるほか、不特定の人々（みんな）という意味で主語をぼかしたいときにも使える便利な代名詞です。

得意／苦手

～が得意／上手

Je suis bon(ne) à 動詞／en 名詞.

ジュ　スュイ　ボン(ヌ)　ア　アン

動詞の場合は à を、名詞には en を前につけます。

memo Je suis bon(ne) à rien.（りアン）「何もうまくできない＝無能だ」

～がとても得意／上手

Je suis doué(e)/fort(e) à 動詞／en 名詞.

ジュ　スュイ　ドゥエ　フォーr(フォるトゥ)　ア　アン

doué「才能がある」、fort「強い」を使うと、bon よりもさらに上手なことを表せます。

memo T'es（テ） trop（トゥろ） fort(e)（フォーr(フォるトゥ)）！「すごいね！」：fortは「強い」のほかに「得意、頭がいい、詳しい」などの意味があります。

～が苦手／下手

Je suis mauvais(e) à 動詞／en 名詞.

ジュ　スュイ　モーヴェ(ーズ)　ア　アン

mauvais は bon の反対で「悪い」→「下手」という意味で使います。ものすごく下手で苦手なときは Je suis nul(le) à / en ～.（ジュ スュイ ニュル ア アン）を使います。

器用／不器用

Je suis adroit(e) / maladroit(e).

ジュ　スュイ　アドゥろワ(ットゥ)　マラドゥろワ(ットゥ)

手作業でも立ち居振る舞いでも、なんでもうまくこなすことを adroit、その反対を maladroit と言います。まさに日本語の「器用／不器用」にあたる言葉です。

～したい／ほしい

～したい／がほしい

Je voudrais ～.

ジュ　ヴドゥれ

後ろに名詞を入れれば「ほしい」、動詞なら「したい」という意味になります。現在形でJe veux（ジュ ヴ）と言うと子どもっぽくなるので避けましょう。

～したい

J'ai envie de ～.

ジェ　アンヴィ　ドゥ

使い方はJe voudraisとほとんど同じですが、envie「欲望」が入るからか、より気持ちが込もる印象です。お店などで注文するときはJe voudraisを使うほうがベター。

～できたらいいな

J'aimerais bien ～.

ジェムれ　ビアン

aimer bien（エメ ビアン）「けっこう好き」の後に動詞を入れると「できれば～したいな／～できたらいいな」と柔らかい希望のニュアンスになります。

～が必要

J'ai besoin de ～.

ジェ　ブズワン　ドゥ

名詞、動詞のどちらでも後ろに入れて使えます。

P point 何かをしてもいいか確認したいときは、そのジェスチャーをしながらJe peux?（ジュ プ）と言って相手の出方をうかがいましょう。

できた！／まだできない

できた！

Ça y est !
サ イ エ

何かが完了したときや、ある状態に落ち着いたときに使います。ネガティブな「やれやれ」など文脈次第で微妙に意味も変わります。

memo Ça y est ?「終わった？できた？」：疑問形でも使えます。

終わった！

C'est fait !
セ フェ

何かをし終わったときに使います。Ça y est. の後に続けて言うと、ますますスッキリした気持ちが伝わります。

memo C'est fini !（セ フィニ）「終わった！」

やっと！

Enfin !
アンファン

待ちに待っていたものをようやく手にしたり目にしたりしたときに心から出てくる言葉です。

まだ

Pas encore.
パ ザンコーr

「できた？」「終わった？」と聞かれたときの答え方のひとつです。

memo Toujours pas.（トゥジューr パ）「まだなんだよ」：長らく待っている／頑張っているのにまだ…という残念さがより伝わります。

急いで！

急いで！

Dépêche-toi !

デペッシュ　トワ

命令を携えた伝令を急いで送り込むという意味の動詞 dépêcher（デペシェ）が「急がせる」という意味で使われるようになりました。

M memo Fonce !（フォンス）: foncer（フォンセ）「大急ぎで行く」はさらに切迫感があります。

急いでるんです

Je suis pressé(e).

ジュ　スュイ　プれッセ

時間がなく、急いでいることを伝える表現です。気を遣わなくてもいい親しい間柄なら、相手を急かしたり、話を切り上げたいときにも使えます。

M memo （直訳）私は押されている

遅れています

Je suis en retard.

ジュ　スュイ　アン　るターr

待ち合わせ時間や予定よりも遅れていることを知らせるときに使います。

ゆっくりでいいよ

Prends ton temps.

プらン　トン　タン

遅れているときや時間がなくて焦っているときに言われるとホッとする一言です。

M memo （直訳）時間を取って

がんばって！

がんばって！

Bon courage !

ボン　クらージュ

励ましたり応援するときの定番表現ですが、目上の人には使わないので注意。あまり重大なことではない場合は軽く Courage ! だけでも OK です。

M memo　Tiens bon.（チアン ボン）: tenir（トゥニーr）「持つ、つかむ」の命令形で、bon「よいもの」を「つかんで離すな＝耐えろ、諦めるな」という意味になります。

うまくいきますように

Bonne chance.

ボンヌ　シャンス

その人の努力や頑張り以上に、運がものを言うようなときに使います。

これからもがんばってね

Bonne continuation.

ボンヌ　コンティニュアシオン

何かを頑張っている人に対してその調子で続けて、と励ます表現です。少し上から目線なように思えますが、対等な関係でもナチュラルに使われます。とはいえ目上の人には使わないほうが無難でしょう。

うまくいくといいね

Je croise les doigts pour toi.

ジュ　クろワーズ　レ　ドワ　プーr　トワ

指をクロス（十字架）させるところから「成功を祈る」という意味で使われます。pour toi「あなたのために」をなくせば、「うまくいくといいな」と自分のために使うこともできます。

なんとかなるよ

なんとかなるよ

Ça va s'arranger.
サ　ヴァ　サらンジェ

自然とうまく行くよ、とポジティブになれるフレーズです。悩んでいる人を勇気づけたり、自分たちの不安を吹き飛ばしたいときに使いましょう。

うまく行くって

Ça va aller.
サ　ヴァ　アレ

大切な試験や面接などを控えた人から、ちょっとした心配事に悩む人まで、日常の様々なシーンで気軽に使える励ましのフレーズです。

なんとかするよ

Je me débrouille.
ジュ　ム　デブるイユ

「自分でなんとかする、適当にどうにかする」という意味合いです。

M memo チュ トゥ デブるイユ Tu te débrouilles.「自分でなんとかしてよ」

君ならできる

Tu vas y arriver.
チュ　ヴァ　イ　アりヴェ

がんばっている人､自信を失っている人を勇気づけるひとこと。主語を変えて、ジュ ヴェ Je vais y arriver.「私ならできる」と自分を励ますのも時には大切です！

M memo 「がんばって」（P68）のフレーズと組み合わせてもヨシ！

P point 過ぎたことにくよくよ悩んでいる相手には「気にしないで」（P24）のフレーズで元気づけてあげて。

おめでとう！

おめでとう！

Félicitations !

フェリスィタシオン

相手を褒める、祝うという動詞 féliciter（フェリスィテ）から生まれた言葉で、お祝いの気持ちを伝える表現です。必ず s を付けた複数形で使うので注意です。

やったね！

Bravo !

ブラヴォー

「素晴らしい」を意味するイタリア語で、演劇やコンサートなどで観客が賞賛の気持ちを込めて叫ぶ言葉として世界中で有名ですが、フランス語では日常生活でも「よくやったね」と相手を褒めるときによく使います。

おめでとうございます

Toutes mes félicitations.

トゥットゥ　メ　フェリスィタシオン

私の祝意を受け取ってほしい、とお祝いの気持ちをより丁寧に伝えるときの言い方です。主語が「私」なら mes、「私たち」なら nos（ノ）にします。

それはめでたい！

Ça se fête !

サ　ス　フェットゥ

実際にお祝いのパーティーをするとは限りませんが、そのくらいめでたいことが相手にあったときに使う表現です。

M memo On va fêter ça !（オン ヴァ フェテ サ）「お祝いしよう！」：実際にお祝いを計画しようという気持ちがあるときはこちらを使います。

すごーい！

すごーい！

Super !

スュペーr

人や物ではなく、状況や行動を指して褒めたいときに使う表現で、いろんな場面でよく使われます。英語のスーパーと同じ単語ですが、最後の r ははっきりと発音しないでスュペーという感じで大丈夫です。

すごーい！

Génial !

ジェニアル

直訳すると「天才的」で super と並んでよく使われます。その人自身が天才的というよりも、出来事や状態が素晴らしい！というニュアンスです。

素晴らし〜

Excellent !

エクセラン

「エックセラーーン」とオーバー気味に言うのがコツです。C'est excellent.（セ テクセラン）の場合は、リエゾンします。

最高〜

Top !

トップ

「頂点」を意味する英語を使った表現です。発音は「トォップ」という粘っこい感じを意識すると、フランス語っぽさがぐんと増します。

M memo　Rien à dire.（りアン ナ ディーr）「言うことなし／ばっちり」

P point　C'est（セ） super !のように、どの表現もC'estを付けるとより丁寧になります。

どうだった？

どうだった？

Ça a été ?

サ　ア　エテ

「今日学校どうだった？」や「大事なアポうまくいった？」など、些細なことから重要なことまで、その様子をざっくりと尋ねる決まり文句です。

M memo Ça a été ta journée ?（タ ジュるネ）「今日一日、変わったことなかった？」

うまくいった？

Ça s'est bien passé ?

サ　セ　ビアン　パッセ

以前話題にしていた件がうまく運んだかどうかを相手に聞く言い回しです。試験や面接、初デートなど、あらゆることについて使えます。

どうだった？

Comment ça s'est passé ?

コマン　サ　セ　パッセ

直訳すると「どのように物事が運んだ？」という意味で、ニュートラルに結果や感想を尋ねるフレーズです。

よかった？

C'était bien ?

セテ　ビアン

「面白かった？大丈夫だった？」というニュアンスで、その出来事がうまくいった、楽しかったことを前提に感想を聞く表現です。

P point どのフレーズも頭にAlors（アローr）を付けると、ぐっとフランス語っぽくなります。また、Alors ?「それで？」のひとことだけでも、相手に感想や報告を促す質問として機能します。

好き

大好き！

J'adore !

ジャドーr

これひとことで「大好き！」と伝えられる表現です。J'adore ～ . とも言えますが、特に具体的な目的語を付けなくても OK です。

好き

J'aime bien / beaucoup.

ジェム　ビアン　ボクー

J'adore. とは異なり、J'aime. だけでは使わず、bien や beaucoup を付けるのが自然です。好きのレベルは bien < beaucoup です。

M memo 映画や本などの感想を聞かれたときには過去形でJ'ai bien aimé.（ジェ ビアン ネメ）「かなりよかったよ」と言います。

私はかなり好き

J'apprécie beaucoup.

ジャプれスィ　ボクー

「高く評価する」を意味する apprécier（アプれスィエ）ですが、日常会話では自分がすごく好きだったり、楽しめたりした物やことに対して使います。

M memo Je préfère（ジュ プれフェーr） ～ .「～の方が好き」：問いかけに対してOui（ウィ）, je préfère.「うん、そのほうがいいな」と使うこともできます。

私は好き

Ça me plaît.

サ　ム　プレ

「これでいい？」といった質問に、「私はいいよ、好きだよ」と「自分」を強調した返事として使えます。

M memo 相手に質問するときはÇa te plaît ?（サ トゥ プレ）「これでいい？／好き？」

嫌い

大嫌い

Je déteste.

ジュ　デテストゥ

後ろに具体的な単語を加えても OK です。ひとことで言う場合は、「最悪～」という気持ちを込めた言い回しにもなります。

M memo 少し和らげた言い方ならJ'aime pas (trop).「（あまり）好きじゃない」

耐えられない

Je supporte pas.

ジュ　スュポるトゥ　パ

我慢の限界で、本当に嫌気がさしてしまった感じが伝わります。人に対してだけでなく、状況や騒音などの繰り返される行為などにも使えます。

M memo Je supporte plus !「（我慢してきたけど）もう耐えらんない！」

（～が）大っ嫌い／超苦手

J'ai horreur (de ～) .

ジェ　オらーr　ドゥ

鳥肌が立つレベルで嫌悪している強い言い回しです。J'ai horreur de ça !「それ大っ嫌い」、J'ai horreur du froid.「寒いの超苦手」などと使います。

私の好みじゃない

Ça me plaît pas.

サ　ム　プレ　パ

間接的に拒否したり否定したりする言い回しです。より和らげた Ça me plaît pas trop.「あまり好みじゃない」という表現もあります。

M memo Ça m'a pas plu.「私は好みじゃなかった」

フランス人は否定形がお好き！？

とても寒くどんよりと曇ったある日。仕事で会った初対面の人との会話の糸口になればと思い、Il fait moche aujourd'hui.「今日はひどい天気ですね」と話しかけると、En effet, il ne fait pas beau.「確かに、良くないお天気ですね」と答えられました。回りくどい否定形で返されたことが妙に引っ掛かり、後になってフランス人の友人に聞いてみたところ、そもそもmoche（醜い）という単語がきつく、乱暴な印象を与えるので、くだけた関係でない場合はmauvais（悪い）の方が良いとのこと。さらに、ネガティブな表現は否定形を駆使すると、やんわり伝わり、フランス語らしい美しい響きになるよ、とアドバイスをくれたのです。

C'est pas vrai.「本当じゃない→ウソでしょ」(P59)、C'est pas bon.「おいしくない→まずい」(P84)、C'est pas facile.「簡単じゃない→難しい」(P81）といった具合に、ネガティブな単語を避けて、反義語を否定形にして表現することが多いです。もちろん、気の置けない間柄ならはっきり伝えることも時には必要ですが。

ポジティブな感情すら否定形で伝えることも多々あります。C'est pas faux.「間違いじゃない→正しいね」、C'est pas mal.「悪くない→いいね」(P79)、C'est pas bête.「バカじゃない→グッドアイデア」などと言われると、もっと素直に褒めてくれてもいいのに！と思ってしまいます。C'est pas cher.「高価じゃない→安い」に至っては、bon marché「お買い得」という表現はあるものの、「安い」をぴたりと表す単語そのものが存在しないところが興味深いです。

超〜まったく

量やレベルを示す表現は、ひとこと加えるだけでより具体的に気持ちが伝えられ、会話の幅も広がります。形容詞の前に付けましょう。

super スュペーr 超

：Elle est super gentille. エ レ スュペーr ジャンティーユ 「彼女は超やさしい」

hyper イペーr 超

méga メガ （若者言葉） 超

tellement テルマン 本当に

trop トゥろ 〜すぎる

très (très très) トゥれ（トゥれ トゥれ） とても（とーっても）

plutôt プリュト どちらかと言うと

un peu アン プ ちょっと

un tout petit peu アン トゥ プチ プ ほんのちょっと

pas du tout パ デュ トゥ まったく〜ではない

：Elle est pas du tout gentille. エ レ ジャンティーユ 「彼女はまったくやさしくない」

ハマってる

(〜に) ハマってる

Je suis accro (à 〜).

ジュ　スュイ　アクろ　ア

「薬物などの中毒である」という意味が転じて、ひとつのことに熱中しすぎて止められないほどハマっている、という状態にも使われるようになりました。être accroché(e)（エートゥる アクろシェ）「引っ掛けられている」の短縮形です。

夢中になっている

Je suis à fond.

ジュ　スュイ　ア　フォン

à fond は「徹底的に、できる限りとことんまで」を意味します。エンジン全開で目の前のものに集中してのめり込んでいるイメージです。

〜に夢中／目がない

Je suis fou / folle de 〜.

ジュ　スュイ　フゥ　フォル　ドゥ

fou は「狂う」なので、日本語の〜狂、マニアに近いニュアンスもありますが、単純に「すごい好き」としても使えます。de 〜がないと「頭が変」となるので気をつけましょう。

(〜に) 一目惚れしちゃった

J'ai un coup de cœur (pour 〜).

ジェ　アン　ク　ドゥ　カーr　プーr

パッと見た瞬間に恋に落ちてしまう、まさに「一目惚れ」を表す言い回しです。人に限らず、洋服や本、音楽、映画、スポーツなど多種多様なジャンルに使えます。

M memo （直訳）ハートの一撃をくらう。

面白い

面白い

C'est drôle.

セ　ドゥろール

フランス語の中で最も一般的な「面白い」を表す形容詞で、書き言葉でもよく使われます。「奇妙、変な」という意味にもなります。

M memo　C'est rigolo / marrant.（セ　りゴロ　マらン）「面白い」：ユーモアやちょっと珍しさのある面白みという感じに使えます。どちらも口語的な表現です。

楽しい

C'est amusant.

セ　タミュザン

ワクワクするような楽しさを含む面白さです。

興味深い

C'est intéressant.

セ　タンテれッサン

興味深さや知的好奇心がくすぐられる面白さを表します。

アホだわ～

C'est ridicule / idiot / débile.

セ　りディキュル　ティディオ　デビル

バカバカしく中身はからっぽだけど笑えるおかしさを指します。

P point　「とても」（P76）などをプラスして、面白さの度合いを伝えてみましょう。

いい感じ

いい感じだね

C'est sympa / chouette / cool.

セ　サンパ　シュエットゥ　クゥル

どれも物事や雰囲気の感じがよいことを表します。

いいね

C'est pas mal.

セ　パ　マル

直訳は「悪くないね」ですが、フランス語では限りなく「いいね」に近いポジティブな意味で使われます。わざわざ否定形にするあたりがフランスらしさです。

超いいね！

Trop bien !

トゥろ　ビアン

ただの bien ではなく、très bien でもなく、trop bien は「限度を超えるよさ＝ものすごくいいね！」という意味です。

うまくいってる

Ça se passe bien.

サ　ス　パス　ビアン

直訳すると「それがうまく起こる、行われる」という意味で、自分がやっていることや人との関係などがうまくいっているときに使う表現です。

M memo　bienを他の言葉に替えることで度合いを変えられるのはÇa va.（サ ヴァ）と同じです。（➡P13）

正直言って／ざっくり言うと

文頭に置いて使うことで、自分の伝えたいニュアンスを感じてもらいやすくなる言葉があり、コミュニケーションに役立ちます。

正直言って
Honnêtement
オネットゥマン

率直に言うと／本当に思うけど
Sincèrement
サンセーるマン

まさに
Justement
ジュストゥマン

個人的には
Personnellement
ペるソネルマン

具体的には
Concrètement
コンクれットゥマン

一般的に／大体は
En général
アン　ジェネらル

本気で／マジな話
Sérieusement
セりユズマン

はっきり言って
Franchement
フらンシュマン

結局／ついに
Finalement
フィナルマン

当然
Naturellement
ナチュれルマン

私としては／私が思うに
À mon avis
ア　モ　ナヴィ

つまり／ざっくり言うと
En gros
アン　グろ

今のところは
Pour le moment / l'instant
プーr　ル　モマン　ランスタン

最悪の場合は
Au pire
オ　ピーr

簡単〜難しい

とても簡単から、難しすぎて不可能という場合まで、その度合いによってさまざまな表現があります。

C'est très facile. とても簡単
セ トゥれ ファスィル

C'est assez facile. まあまあ簡単
セ タッセ ファスィル

C'est facile / simple. 簡単
セ ファスィル サンプル

C'est faisable / possible. できる／可能だ
セ フザーブル ポスィーブル

C'est pas compliqué. ややこしくない
セ パ コンプリケ

C'est pas impossible. できなくはない
セ パ アンポスィブル

C'est pas facile. 簡単ではない
セ パ ファスィル

C'est pas de la tarte. 簡単ではない
セ パ ドゥ ラ タるトゥ
：直訳「タルトではない」

C'est assez difficile. けっこう難しい
セ タッセ ディフィスィル

C'est pas gagné / évident. なかなか難しい
セ パ ガニエ エヴィダン
：直訳「得られない／明らかではない」

C'est difficile / dur. 難しい
セ ディフィスィル デューr

C'est très difficile. とても難しい
セ トゥれ ディフィスィル

C'est impossible. 不可能／無理
セ タンポスィブル

かわいい／きれい／すてき

かわいい

C'est mignon.

セ　ミニョン

日本語の「かわいい」よりも汎用性は低く、サイズが小さなものや子どもっぽいテイストのものに使われます。見た目のかわいさよりも、その物や状況が「いいね！」という感覚もあります。

きれい／かわいい

C'est joli.

セ　ジョリ

日本語の「かわいい」と同じニュアンスで、見た目がきれいでかわいいものに対して気軽に使われます。

美しい

C'est beau.

セ　ボー

見た目の美しさに重きを置いた表現で、服や雑貨、絵画、インテリアに家、お城、風景など規模を問わず、美しいものを讃える表現です。

すてき！

C'est chouette !

セ　シュエットゥ

見た目だけでなく、雰囲気や内容が素敵なものに対して使います。

Point 対象となる物を主語にして、Il est/Elle est（イレ／エレ）～.とも言えます。Elle est trop（トゥろ） belle（ベル）, ta（タ） bague（バーグ）.「あなたの指輪、すっごくきれい」

おしゃれ〜

おしゃれなイメージの強いフランス人だけに、その概念も幅広く、ひとことで「おしゃれ」と言い表せる単語が意外とありません。C'est（セ）, Tu es（チュ エ）, Il est（イ レ）/Elle est（エ レ） に続けて使える単語、単独で使えるフレーズを紹介します。

シック／おしゃれ

chic
シック

エレガント

élégant(e)
エレガン（トゥ）

最先端のおしゃれ

branché(e)
ブランシェ

・洋服に限らず流行に敏感な人。

雰囲気あるよね

Il / Elle a de l'allure.
イ　エ　ラ ドゥ　ラリューｒ

・動きやふるまいを意味するallure（アリューｒ）を使った表現で、身につけている物以上に、たたずまいや着こなしがエレガントで魅力的な様子を表します。

（流行の）おしゃれだね

C'est la mode.
セ　ラ　モードゥ

スタイリッシュ

stylé(e)
スティレ

上品

classe
クラス

・洋服だけでなく振る舞いも気品があり、立派な雰囲気のある人。

流行りだよね

C'est tendance.
セ　タンダンス

・ずばり「流行」を意味するtendanceを使った表現で、「それ流行ってるよね」という感じで使えます。

センスがいい

T'as bon goût.
タ　ボン　グ

・セレクトや組み合わせに独自のセンスが感じられる人を指します。

おいしい〜まずい

ただ「おいしい」「おいしくない」だけでなく、バリエーションに富んだ答えができるとより会話が楽しくなりますね。

C'est une tuerie.（セ　チュヌ　チュりー）　殺人的なおいしさ

C'est extra.（セ　テクストゥら）　すばらしくおいしい

C'est trop bon.（セ　トゥろ　ボン）　おいしぎする

C'est délicieux.（セ　デリスュー）　とてもおいしい

C'est très bon.（セ　トゥれ　ボン）　とてもおいしい

C'est pas mal.（セ　パ　マル）　なかなかおいしい

C'est bon.（セ　ボン）　おいしい

C'est pas mauvais.（セ　パ　モヴェ）　まずくはない＝まあまあおいしい

Bof.（ボフ）　イマイチ

C'est pas très bon.（セ　パ　トゥれ　ボン）　あんまりおいしくない

C'est pas bon.（セ　パ　ボン）　おいしくない

C'est mauvais.（セ　モヴェ）　まずい

C'est très mauvais.（セ　トゥれ　モヴェ）　とてもまずい

C'est dégueu / dégueulasse.（セ　デギュ　デギュラース）　（食べられないほど）まずい

イマイチ

ビミョーだね

C'est moyen.
セ　モワイヤン

平均的を意味するmoyenですが、どちらかというとよくない感想として使います。フランス人にとって、平均的は褒め言葉ではないようです。

M memo Bof.（ボフ）「イマイチ」：たったひとことで不満な気持ちを最大限に表現できます。

イマイチかなぁ

C'est pas terrible.
セ　パ　テリーブル

「ひどい、恐ろしい」を示すterribleですが、「素晴らしい」という真逆の意味にもなり、その否定で「イマイチ」となる表現です。

カッコ悪い

C'est moche.
セ　モッシュ

包み隠さず思ったことを言える相手やシチュエーションであれば、直接的な単語を使うと効果的な場合もあります。とはいえ、キツい言い方であるという自覚が必要です。

M memo C'est bizarre.（セ ビザーr）「変だ」／C'est ringard.（セ らンギャーr）「ダサい、時代遅れだ」

私の好み／タイプじゃないな

C'est pas mon truc / style / goût / genre.
セ　パ　モン　トゥりュック　スティル　グ　ジャンる

気に入らない旨をやんわりと伝えることのできる言い回しです。場面に合わせてどれかひとつの単語を選んで使いましょう。

M memo truc, genreはかなりカジュアルなので使う相手を選びましょう。

ところ変われば、褒め言葉も変わる？

フランスでは、他人の容姿や外見について積極的にコメントする人はあまり多くない印象で、たとえ褒めるつもりであっても、面と向かって具体的な形容をしないという暗黙の了解があるようです。もちろん、本人がいない場所で「美人だよね」「スタイル抜群だね」などと盛り上がることはありますが……。

美的感覚にもそのお国柄が表れるのか、「あの俳優さんに似てかっこいい」「小顔で目が大きくてうらやましい」「脚が長くて8頭身だね」といった日本的な褒め言葉がきちんと伝わらず、キョトンとされることも多々あります。また、私たちが普段色んな場面で口にする「かわいい」を直訳して、mignonという単語を使いがちですが、フランス語では「子供っぽいかわいらしさ」というイメージが強いので、主語を人物にして使う場合は注意しましょう。容姿のかわいさを伝えたいならjoli(e)、美しさならbeau / belleを使うのがベターです。若い世代や日本に興味のある人に対しては、kawaii（フランスっぽい発音はカワイ）と日本語をそのまま使う方がニュアンスが伝わりやすそうです。

いつもよりちょっとおめかししたり、髪型を変えたりといった時に、「とても似合ってる」「印象が変わって良いね！」など、身にまとっている物や持ち物、その人が醸し出す雰囲気についてポジティブな言葉をかけるのが、フランスらしい褒め方かもしれません。P82 ～ 83で紹介している例文は、主語をC'est ～.として、人物ではなく物や行為、風景などを褒める表現ですので、ぜひ使ってみてください。

大変だ／やばい

大変なことになった！

C'est la cata !

セ　ラ　カタ

cata は catastrophe（カタストゥろフ）「災難」の短縮形で、とてもまずいことが起こってしまったときや大失敗してしまったときに使います。

memo C'est la catastrophe.（カタストゥろフ） / C'est catastrophique.（カタストゥろフィック）「大変だ」

うわー大変

C'est galère.

セ　ギャレーr

船を意味する古い言葉 galère が、船を漕ぐ大変な労働を指すようになり、いまでは「とにかく大変なこと」として使われます。

memo C'est dur.（デューr）「それはキツい」

終わった…

C'est foutu.

セ　フチュ

foutu は壊れたり、ダメになったりしたことを指し、「もうダメだ、台無しだ」という意味の表現です。お行儀のよい言葉ではないので使う相手に気をつけましょう。

memo C'est fichu.（フィシュ）「終わった」

やばい

Ça craint.

サ　クらン

危険な状況、まずい状況になったときにつぶやく言葉です。これも行儀のよい言葉ではないので注意です。

退屈だ／面白くない

退屈だな

Je m'ennuie.

ジュ　マンニュイ

ennuyer（アンニュイエ）は「困らせる、退屈させる」という意味の動詞です。気だるさやミステリアスな感じを指す日本語の「アンニュイ」はこのフランス語が由来ですが、少しニュアンスが異なります。

暇だな

Je m'embête.

ジュ　マンベットゥ

embêter（アンベテ）は「問題を起こす、邪魔をする」という動詞ですが、Je m'embête. はJe m'ennuie. とほぼ同じような意味で、やることがなくてつまらないな、というニュアンスです。（➡「困ったな」P99）

つまらないな

C'est pas marrant.

セ　パ　マラン

直訳すると「面白くない」を意味し、C'est pas très（トゥれ） marrant. のように très を加えると少し口調を和らげることができます。

うっとうしいな

Ça me fait suer.

サ　ム　フェ　スュエ

直訳すると「それは私に汗をかかせる」で、面白くないことや興味がないことを聞かされたりやらさせたりして、「変な汗が出る」というようなイメージでしょうか。

ヤバい／すごい

ヤバい

C'est dingue.

セ　ダング

「狂っている、クレイジー」を意味する形容詞 dingue は、そのままの意味で使うこともあれば、転じて「すごいこと」を意味する場合もあります。

狂ってる〜

C'est fou.

セ　フゥ

こちらも dingue と似て、ヤバい状況にもすごい状況にも使えます。

死ぬほどヤバい

C'est mortel.

セ　モるテル

「死ぬほどスゴイ」という感じでしょうか。おいしすぎて感動！なんてときにも使います。上品な表現ではないので使う場面に注意しましょう。

スゴすぎ

C'est énorme.

セ　テノるム

「巨大な」を意味する énorme（エノるム）を用いたこの表現は、よい意味での「すごい」として使われます。「セ テノォーるム」と伸ばし気味に言うとそれっぽいです。リエゾンに注意。

point　ネガティブにもポジティブにもなり、日本語のヤバいと同じ感覚で使えます。

うらやましい／よかったね

うらやましい！

T'as de la chance !

タ　ドゥ　ラ　シャンス

直訳すると「あなたはラッキーだね」で、「うらやましい」というニュアンスです。

M memo　Ah la chance !「わー、いいな」（アー　ラ　シャンス）

ずるーい／いいなー

Je suis jaloux / jalouse.

ジュ　スュイ　ジャルー　ジャルーズ

jaloux は「嫉妬する」と覚えた人もいると思いますが、恋愛関係に限らず、「他人が妬ましい、うらやましい」という意味でも気軽に使います。

それはよかった

Tant mieux.

タン　ミュー

思っていたよりも物事がうまく進んだときにホッとした気持ちを込めて使う表現です。言い方によっては皮肉にもなります。

M memo　Tant mieux pour toi.（プーr　トワ）：自分はさておき、少なくとも相手にとってはよかったと思うときはこう言います。

よかったね

Je suis content(e) pour toi.

ジュ　スュイ　コンタン(トゥ)　プーr　トワ

何かがあって喜んでいる相手に対して「あなたが喜んでいるのを見て私も嬉しい」と言う表現です。

M memo　(直訳) 私はあなたのために嬉しい

超うれしい！

超うれしい！

Je suis trop content(e) !

ジュ　スユイ　トゥろ　コンタン(トゥ)

うれしい＝ハッピーという感覚で heureux(-euse)「幸せ」を使いがちですが、「満足」という意味のある content(e) を使うのが一般的です。trop「～すぎる」を付けるとニュアンスが強まります。

M memo Trop content(e) !「超うれしい！」／Youpi !「やったー！」

とてもうれしいです

Je suis ravi(e).

ジュ　スユイ　らヴィ

ほんの少しかしこまった印象のある表現で、ravi(e) de ＋動詞の原形で、目の前で起きていることやこれから起こることに対しても使えます。

カンゲキだわ

Je suis touché(e) / ému(e).

ジュ　スユイ　トゥシエ　エミュ

喜びのさらに上を行く、感激や感動の気持ちを表します。どちらの単語も「自分の心や感性に何かが触れた」というイメージですね。

M memo （直訳）私は触られた／揺さぶられた

ラッキー！

J'ai de la chance !

ジェ　ドゥ　ラ　シャンス

主語と動詞を省いて Ah, la chance !「うわ、ラッキー」と言うこともでき、相手に対しても使えるので便利です。「シャーンス」と伸ばすように発音すると喜びの強さが伝わります。

悲しい／寂しい

悲しい

Je suis triste.
ジュ　スュイ　トゥりストゥ

自分が悲しいときの表現です。自分だけでなく状況全体が悲しいときは C'est triste. にします。

あなたがいなくて寂しい

Tu me manques.
チュ　ム　マンク

直訳すると「あなたが私に欠けている」という文章が「あなたがいなくて寂しい」という意味になります。

ひとりぼっちだ

Je me sens seul(e).
ジュ　ム　サン　ソル

ひとりきりで寂しいことを訴える表現です。

残念／遺憾に思います

Je suis désolé(e).
ジュ　スュイ　デゾレ

人が亡くなったり、相手に何か辛いことが起こったりなど、悲しみや遺憾の思いを伝える表現です。謝罪するときにも使う表現です。（➡ P21）

M memo Ça me fait de la peine pour ～. / J'ai de la peine pour ～.「～さんのことを考えると残念です」

P point フランスでは愛着のある物を配置したインテリアが好まれるので、あまりにも飾り気のない部屋はC'est triste.と言われてしまいます。この場合tristeは「うら寂しい、殺風景」という意味です。

こわっ／びっくりした

こわっ

Ça fait peur.
サ　フェ　プーr

下の表現と似ていますが、このフレーズには「驚く」という要素はなく、恐怖を覚える状況にだけ使います。

M memo　Ça me fait peur.（サ ム フェ プーr）「怖い」

こわかった～／びっくりした～

Ça m'a fait peur.
サ　マ　フェ　プーr

どきりとするような怖い体験をした後にも使いますが、大きな音に怯えたり、突然人が現れたりなど、ものすごく驚いたときに思わず口を突いて出る表現でもあります。

M memo　J'ai eu peur.（ジェ ユ プーr）「怖かった」

びっくりした～

Tu m'as fait peur.
チュ　マ　フェ　プーr

同じ「怖かった、びっくりした」でも、相手の言動によって怖がらせられたり驚かされたりしたときはこう言います。

M memo　（直訳）あなたが私を怖がらせた

あれには驚いた

Ça m'a étonné(e).
サ　マ　エトネ

予想外だったことを聞かされたり知ったりして驚いたときは étonner（エトネ）を使った表現になります。いま驚いているなら Je suis étonné(e).（ジュ スュイ ゼトネ）と言います。

P point　peurの発音はプー rとパー rの中間の曖昧な音です。

安心／不安

安心した

Ça me rassure.

サ　ム　らスューr

動詞 rassurer（らスュれ）は「安心させる」という意味で、ホッとしたとき、安心したときにこう言います。

M memo C'est rassurant.（セ　らスュらン）「それは安心だね」

ホッとした！

Ouf !

ウッフ

ちょっとヒヤヒヤしていた問題が解決して、安堵したときに思わずもらす言葉。日本語の「ホッ」と同じような擬音語のようです。

心配だな

Ça m'inquiète.

サ　マンキエットゥ

inquiéter（アンキエテ）は「心配させる」という意味の動詞で、何かが原因で心配なときにこう言います。

M memo C'est inquiétant.（セ　タンキエタン）「それは心配だね」

不安だな

J'ai peur.

ジェ　プーr

元の意味は「怖い」で、その意味でも使われますが、嫌なことが起こることを恐れるというニュアンスで「不安」という意味でも使われます。

ドキドキ／緊張する

緊張する～

Je suis nerveux (-euse).

ジュ　スュイ　ネるヴー　(ズ)

「神経質な」と訳されることの多い nerveux ですが、日常では、その人の性質ではなく、一時的に緊張している状態を表すのによく使われます。気が立っていたり不安でナーバスになったりしている場合も同じです。

ガクガク震えてる

Je tremble.

ジュ　トゥらンブル

tremblerトゥらンブレ「震える」を使って、緊張で体が震えているという表現です。

楽しみ！

J'ai trop hâte !

ジェ　トゥろ　アットゥ

J'ai hâte de～.ジェ アットゥ ドゥ「私は早く～したい、～するのが待ちきれない」の最初の部分だけを使った決まり文句です。J'ai hâte. だけでも通じますが、trop「～すぎる」を加えるとより自然な言い回しになります。

M memo J'ai hâte de voir ce film !ヴォワーｒ ス フィルム「早くこの映画を見たい！」

ワクワクする

C'est excitant.

セ　テクスィタン

「興奮させる」という意味の形容詞 excitantエクスィタン を用いて、自分に対しても他人に対しても、「それは楽しみだね、ワクワクするね」というニュアンスで使える言い回しです。

ムカつく／怒ってる

ムカつく～／イラっとする

Ça m'énerve. / Ça m'agace.

サ　メネるヴ　サ　マギャス

主語が ça「それ」のため、具体的な対象は示さずに言えて便利です。

memo チュ メネるヴ Tu m'énerves.「お前、ムカつく」

いい加減ムカつくわ

Ça me gonfle.

サ　ム　ゴンフル

思い通りに行かずにイラつく、うんざりするニュアンスです。gonfler（ゴンフレ）「ふくらむ」でイライラが体に充満しちゃうイメージでしょうか。

怒ってる

Je suis fâché(e).

ジュ　スュイ　ファシェ

頭にきたり、本気で怒ったりしている場合に使います。contre（コントゥる）＋人を付けると、一時的にその人に対して怒っている状態を表し、avec（アヴェック）＋人にすると、二度と会いたくないほど怒っているという意味になります。

memo Je suis fâché contre（コントゥ） elle（れル）.「彼女には（今）腹が立ってる」／Je suis fâché avec（アヴェッ） elle（ケル）.「彼女とはずっと口聞いてない」

あなたを恨むわ

Je t'en veux.

ジュ　タン　ヴ

直訳は「私はあなたにそれを求める」ですが、相手のせいで迷惑を被り怒っている場合に使います。Je m'en veux.（ジュ マン ヴ）「自分に腹が立つ」、Je lui en veux.（ジュ リュイ アン ヴ）「彼／彼女を恨む」という使い方もできます。

私のせいじゃない

私のせいじゃない

C'est pas ma faute.

セ　パ　マ　フォットゥ

faute は「過ち、間違い」。自分のせいではないと主張する表現です。

私じゃない

C'est pas moi.

セ　パ　モワ

間違えたり、失敗したりしたのは私ではない、ということをはっきりさせたいときの表現です。「私のケーキ食べたの誰？」などと聞かれて、身に覚えがない場合はすかさずこう言いましょう。

私の責任じゃない

J'y suis pour rien.

ジ　スュイ　プーr　りアン

基本的な単語しか使っていないのに「自分の責任ではない」という意味になる、フランス語らしい表現です。

M memo （直訳）私は何のためにもそこにいない

私には関係ない

Ça me regarde pas.

サ　ム　るギャるドゥ　パ

「それは私を見ていない」という文章が「それは私には関係ない」という意味になる、これまた面白い表現です。反対に「あなたには関係ないでしょ」と言いたいときは Ça te regarde pas.（サ トゥ）と言います。

M memo C'est pas mon problème.（セ パ モン プろブレム）「私の問題ではない＝関係ない」

最悪

最悪／最低

C'est nul.

セ　ニュル

nul の意味は「ゼロ」で、そこから「価値がない、悪い」の意味も生まれました。物事だけでなく人に対しても T'es nul.「あなたは最低だ」などと使えますが、本当にひどいときにしか使わない強い言葉です。

ひどいな

Ça craint.

サ　クらン

物事がひどい、かっこ悪い、ダサいときなどに使います。あまり行儀のよい言葉ではないので注意です。

M memo（直訳）それは恐れる

もうやだ

J'en ai marre.

ジャン　ネ　マーr

もうこの状況にうんざりした、嫌だ、というときに使う表現です。

M memo J'en ai assez. / J'en ai ras le bol.「もううんざり」

めちゃくちゃじゃん

C'est n'importe quoi.

セ　ナンポるトゥ　クワ

言動や状況がひどすぎたり、いい加減だったりすることに呆れ、怒っているときに使います。C'est をつけずに「ナーンポるトゥクワッ！」と言えば、さらに気持ちがこもります。

困ったな

Je suis embêté(e).

ジュ　スユイ　ザンベテ

直訳すると「私は問題を起こされた、邪魔された」で、何かが原因で「やっかいなことになったな」というニュアンスの表現です。

困ったね

C'est gênant.

セ　ジェナン

gênant は「邪魔な」という意味で、何かの問題のせいで身動きできないようなイメージです。自分に対しても他人に対しても使えます。

M memo Ça me gêne.（サ　ム　ジェヌ）「これ邪魔」：実際に目の前にある物が邪魔だったり、直接体に違和感を感じたりするときにも使えます。

どうしたらいいかわからない

Je sais pas quoi faire.

ジュ　セ　パ　クワ　フェーr

Je sais pas「分からない」、quoi faire「何をするか」という文字通り、何の手立ても見つからず、呆然としている状態を伝える表現です。

どうしよう？

Comment faire ?

コマン　フェーr

自分で「どうしよう」とつぶやいてもいいし、上がり調子にすると「どうしようか？」と相手に質問することができます。

めんどくさいな

めんどくさいな

Ça m'embête.

サ　マンベットゥ

直訳すると「それが私に問題を起こす、邪魔する」で、何かするのが面倒だな、やりたくないな、というときに使います。

M memo　Ça me casse les pieds.（サ ム カス レ ピエ）「めんどくさい」：直訳すると「それが私の足を折る」で、面倒なことを頼まれて嫌だなという気持ちがより感じられます。

やりたくない

J'ai pas envie.

ジェ　パ　アンヴィ

何かしなさいと促されて「やだ、やりたくない」と答える表現です。

やる気ないわー

Je suis pas motivé(e).

ジュ　スュイ　パ　モチヴェ

motivé はモチベーションがあることで、肯定文の Je suis motivé(e).（ジュ スュイ モチヴェ）にすれば反対に「やる気がある」という意味になります。

もう飽きた

Je m'en lasse.

ジュ　マン　ラス

lasser（ラセ）は「飽きさせる、疲れさせる」という意味で、何度も同じことをして飽きたときの表現です。

もうやめよう／あきらめる

もうやめよう

Laisse tomber.

レス　トンベ

物事や案件をやめてしまえばいいと突き放した言い回しです。うまくいかないことにこだわり続ける人に対して「もういいじゃん」「忘れなよ」という感じでも使えます。

memo On abandonne.「あきらめよう」／J'abandonne.「もうやめた」

（オン ナバンドンヌ／ジャバンドンヌ）

そこまでしなくてもいいよ

C'est pas la peine.

セ　パ　ラ　ペーヌ

相手を気づかったり、少し不満げに言ったり、口調や場面によって両方のニュアンスで使えます。

memo C'est pas la peine de m'appeler.「わざわざ電話しなくてもいいよ」：de＋動詞を加えてより具体的に言うこともできます。

（ドゥ マプレ）

もうムリ

J'en peux plus.

ジャン　プ　プリュ

体力的なことだけではなく、精神的にもいっぱいいっぱいになっている状態のときに使えます。「もうヤダ！」という訳も当てはまります。

意味ないよ

Ça sert à rien.

サ　セ　ら　りアン

Ça sert à ～. は「～に使われる」を表しますが、この場合は、「何にも役立たない＝意味がない、やってもムダ」の意味になります。

memo Ça sert à quoi ?「それって何に役立つの？＝意味ないよね？」

（クワ）

しまった！

しまった！

Zut ! / Mince !

ズュットゥ　マンス

うっかりミスをしたときに自然と口を突いて出る言葉です。人が失敗談を話したときの相づちとしても使えます。

memo 相づちとして Zut alors !（ズュットゥ アローr）/ Ah mince !（アー マンス）

うわ～！

Oh là !

オ　ラー

ミスをした瞬間に反射的に出る表現で、驚きの気持ちが強めです。自分だけでなく人がやってしまった失敗を目の前にしても使うことができます。

memo Oh là là !（オ ラ ラー）と繰り返すと、「やってしまった、どうしよう」という感じがさらに強まります。

あちゃ～

Aïe !

アイユ

「イテッ！」と反射的に口をついて出る言葉として有名ですが、自分や他人が失敗したときにも使います。Aïe aïe aïe !（アイ アイ アイ）と重ねると「うわぁ、ヤバいなぁ」というニュアンスがより加わります。

うわっ！

Merde !

メるドゥ

「クソ」を意味する、一般的に使ってはいけない下品な表現とされていますが、物を落とすといった程度でも使われ、なんだかんだ、フランスの日常でよく耳にします。とはいえ、一切口にしないのがベストです。

間違っちゃった！

ごめん、間違っちゃった

Autant pour moi.

オータン　プーr　モワ

他人がいる場で間違ったときに、自分がミスしたことを自己申告しつつ、「ごめん」という気持ちも伝えられる独特な決まり文句です。

間違っちゃった

Je me suis trompé(e).

ジュ　ム　スュイ　トゥろンペ

文字を書き間違えたり、違う番号に電話をかけたり、道を間違えたりなど、幅広く何か間違ってしまったときに使える表現です。

勘違いしてた

J'ai mal compris.

ジェ　マル　コンプり

直訳すると「誤って理解していた」という意味で、「勘違いしていた」という表現として使えます。

テキトーなこと言っちゃった／やっちゃった

J'ai dit / fait n'importe quoi.

ジェ　ディ　フェ　ナンポるトゥ　クワ

疲れたり、集中力が欠けたりして、いい加減になってしまったときにこう言ってみましょう。自覚がなく、うっかりミスしたときにも使えます。

P point　謝るときの表現は「ごめーん」(P21)

やっちゃった！

やっちゃった！

J'ai dit / fait des bêtises !

ジェ　ディ　フェ　デ　ベティーズ

bêtise は「愚かなこと」で、後悔や謝罪の気持ちを込めて自分の過ちを認める表現です。言葉なら dit を、行動なら fait を使います。

やられた！

Je me suis fait(e) avoir !

ジュ　ム　スュイ　フェ(ットゥ)　アヴォワーr

お釣りをごまかされるなど、軽く騙されたり一杯食わされたりしたときに使う表現です。ちょっとした自分の失敗や間違いに気づいたときにも使います。

M memo （直訳）私は持たされた

自分に腹が立つ

Je m'en veux.

ジュ　マン　ヴ

他人ではなく自分のしたことが腹立たしく、後悔しているときに使います。(➡「ムカつく／怒る」P96)

恥ずかしい

Je suis gêné(e).

ジュ　スュイ　ジェネ

自分の言動や失敗を恥ずかしいと感じたときに使う表現で、申し訳ないという気持ちも多少含まれます。直訳すると「邪魔をされている」で、実際に物に邪魔をされて動きがとれないときにも使えます。

M memo J'ai honte.（ジェ オントゥ）「恥ずかしい」：日常で気軽に言う「恥ずかしい」よりも意味が強いので使い方に注意しましょう。

残念／まいっか

まいっか

Tant pis.

タン　ピ

「仕方ない、諦めよう」という意味の表現。現在は pis だけでは使わないのでこのまま覚えてしまいましょう。

残念！

Dommage !

ドマージュ

dommage はもともと「損害、被害」という意味で、そこから「残念なこと」も指すようになりました。

がっかりした

Je suis déçu(e).

ジュ　スュイ　デスュ

結果に納得がいかなくてがっかりしたときの表現です。

memo Ça m'a déçu.（サ マ デスュ） / Je suis dégouté.（デグテ）「がっかりだ」：dégoutéは嫌悪感を表す言葉で、怒りを覚えるほどがっかりしたときに使います。

こんなもんだよ

C'est comme ça.

セ　コム　サ

「まぁ、こんなもんでしょ」とあきらめを通り越して悟りの境地に辿り着いたような言い回しです。

memo C'est la vie.（セ ラ ヴィ）「それが人生だ、人生ってこんなもの」：C'est comme ça.に続けて組み合わせて使うことが多いです。

とにかく

とにかく

De toute façon

ドゥ　トゥットゥ　ファソン

直訳すると「すべてのやり方で」を意味します。

M memo ドゥ トゥットゥ マニエーr
de toute manière「とにかく」

どっちにしても

En tout cas

アン　トゥ　カ

直訳すると「すべての場合で」を意味します。

M memo アン トゥ レ カ
en tous les cas「どっちにしても」

なにはともあれ

Quoi qu'il arrive

クワ　キ　ラりーヴ

早口言葉のような発音の表現ですが、これも会話でよく耳にします。意味は「なにはともあれ」「いずれにしても」という感じでほぼ同じです。

M memo （直訳）それがどうであっても

M memo クワ キ ラン ソワ
quoi qu'il en soit「なにはともあれ」

まあとにかく

Enfin bref

アンファン　ブれフ

bref は「簡潔に」という意味で、この表現は長々と説明した後に「まあとにかく、つまり」と言って話をまとめるときに使います。Bref. だけでも OK。

念のために

念のために

Au cas où

オ カ ウ

本来は où の後に文章を続けて「もし〜になったときのために」という意味で使う表現ですが、どんな事態を想定しているのかが明らかなときは省略して「念のために」という意味で使えるので便利です。

M memo 例：J'amène un parapluie au cas où il pleuvrait.「雨が降るかもしれないから傘を持っていく」／J'amène un parapluie au cas où.「念のために傘を持っていく」

その代わりに／その一方で

Par contre

パーr コントゥる

直前に言ったことに対して逆のニュアンスの内容を続けるとき par contre でふたつの文章を繋げます。mais「でも」よりさらに対比が強まります。

M memo 例：Mon fils est nul en anglais, par contre il est très fort en allemand.「私の息子は英語は全然ダメですが、ドイツ語はとても上手です。」

○または△

Soit ○, soit △

ソワ ソワ

soit は英語の be 動詞にあたる être の活用形で、いくつかの物事の選択肢を提示するときの表現です。○, △には名詞、動詞いずれも入れられます。

M memo 例：En entrée, tu peux choisir soit la salade, soit la soupe.「前菜にはサラダかスープが選べるよ。」／Je voudrais venir te voir soit ce soir, soit demain.「今晩か明日には会いに行きたいんだけど。」

お誘いの返事

都合いいよ

Ça me convient.

サ ム コンヴィアン

自分の都合や予定にちょうどいいことを強調できます。

喜んで！

Avec plaisir !

アヴェック プレズィーr

oui（ウィ）に avec plaisir ! を続けるとうれしい気持ちがより伝わります。J'ai trop hâte !（ジェ トゥろ アットゥ）「楽しみ！」（P95）や「オッケー」（P25）も使えます。

考えてみるね

Je vais voir.

ジュ ヴェ ヴォワーr

すぐに決められないときは、後でちゃんと返事をするよという気持ちだけでも伝えておきましょう。返事をうやむやにしないことが大切です。

都合がつかない

Je serai pas dispo（＋特定の日時）.

ジュ スれ パ ディスポ

都合がつかないときはもちろん、体のいい断りの口実としてもこちらの表現が使えます。なるべく優しいトーンを心がけて。

M memo desolé(e)（デゾレ）「ごめんね」やdommage（ドマージュ）「残念」のひと言を忘れずに。

P point メールやSMSでお誘いが来たら、行けるかどうかに関わらず、まずはMerci pour ton invitation.（メるスィ プーr トン ナンヴィタシオン）「お誘いありがとう」とお礼を伝えるとスマートです。

トーン次第で変わるニュアンス

どんな言語にも言えることですが、全く同じフレーズが文脈やシチュエーション、さらには声の微妙なトーンによって、意味がまるっきり変わる場合があります。単語やフレーズを額面通りに受け止めてしまうと、勘違いの原因になってしまうこともなきにしもあらず。例えば、Tu m'étonnes.（直訳：あなたは私を驚かせる➜P48）は、「びっくりした」ではなく、相手から聞いた話に対して、「全く驚かない、それどころかハナからそうだと思っていた」という真逆の意味で使われることがほとんどです。

C'est ça.「その通り」（P48）は、普通であれば、相手の言ったことを肯定するフレーズですが、Oui, c'est çaaa.と無気力に語尾を伸ばし気味に言うと、「はいはい、おっしゃる通りですね～」と口では認めつつ、本心では相手のバカげた言いがかりに呆れている、という意思表示になります。

個人的に、いまだに少しモヤッとしてしまうのがSi tu veux.「もしあなたがしたいのなら」という表現。「映画行こうか？」のような提案に対して、Oui「はい」と同じ感覚で使われるのですが、「自分はそれほどでもないけど、あなたがそう言うなら良いよ」という少し後ろ向きな返事に聞こえて、ちょっとがっかりしてしまいます。そこまで含みのある表現ではないのですが、私は気になって、なるべく使わないように心がけています。C'est dingue.「ヤバい」（P89）は、日本語のヤバいと同じく、ネガティブとポジティブの両方の意味で使えます。色々な表情を持つ言葉って、本当に面白いものですね。

連絡するね

また連絡し合おうね

On se tient au courant.

オン　ス　チアン　オ　クらン

次に会う日など、すぐ具体的に決められない件について、お互い何か分かったら連絡し合おうね、というゆるーい約束のような決まり文句です。フランス式の社交辞令と言ってもいいかもしれません。

M memo　Je te tiens au courant.（ジュ トゥ）「何かあったら私から知らせるね」

電話するね

Je t'appellerai.

ジュ　タペルれ

命令形の Appelle-moi.（アペル モワ）なら「電話してね」となります。

M memo　On s'appelle.（オン サペル）「電話し合おうね」

メール／ショートメッセージを送るね

Je t'envoie un mail / un sms.

ジュ　タンヴォワ　アン　メル　アン　エスエムエス

いまどきは電話よりも「メールやショートメッセージを送るね」というフレーズの方がよく使うかもしれません。

メール／電話で連絡するね

Je te contacterai par mail / téléphone.

ジュ　トゥ　コンタクトゥれ　パーr　メル　テレフォン

「私は君にコンタクトする」というフレーズの終わりに、手段を意味する par ～を加えて使える便利な表現です。

P point　「お誘いへの返事」（P108）も参照。

手伝ってくれる？

お願い

S'il te plaît.

スィル　トゥ　プレ

英語の please にあたる s'il te plaît. は、単語やフレーズに加えるだけで頼みごとができる便利な表現です（「ちょっとすみません」P33）。「お願い〜」という風に、ひとことでも使えます。

M memo 目上の人や知らない人、相手が複数の場合はS'il vous plaît.（スィル ヴ プレ）

ちょっと手伝ってくれる？

Tu peux m'aider ?

チュ　プ　メデ

ちょっと手を借りたいときなどによく聞く言い回しです。もちろん、最後に s'il te plaît. を加えると、より丁寧になります。

何か手伝おうか？

Tu veux un coup de main ?

チュ　ヴ　アン　ク　ドゥ　マン

自分から手伝いを提案するときの決まり文句です。お呼ばれした先で、準備している友人に向かって礼儀としてこう声がけすることもあります。

M memo Donne-moi（ドヌ モワ） un coup de main.「ちょっと手を貸して」

イヤじゃない？

Ça t'embête pas ?

サ　タンベットゥ　パ

手助けをしてくれる相手に対して、本当にいいの、迷惑じゃない？と再確認する感じで使えます。

M memo Ça te dérange pas?（サ トゥ デランジュ パ）「迷惑じゃない？」／Désolé(e) de te déranger.（デゾレ ドゥ トゥ デランジェ）「迷惑かけてごめんね」

仲良し

仲良し

On est très proches.

オン　ネ　トゥれ　プろッシュ

「仲良し」をズバリ表現する単語はなく、「私たちはとても近しい」という言い回しが最も近いニュアンスでしょう。C'est un ami très proche.「彼はとても近い友人だ」という言い方もできます。

M memo On est amis.「友達だよ」

気が合う

On s'entend bien.

オン　サンタン　ビアン

「理解し合う、了承し合う」を意味する s'entendre を用いた表現で、お互いよく理解し合っている＝「気が合う」関係を指します。仲良しというより、考え方や価値観が近い人で同僚などにも使えるイメージです。

M memo On s'entend pas bien.「気が合わない（意見がぶつかる）」

好き／結構好き

Je l'aime bien.

ジュ　レム　ビアン

aimer「好き」に bien が付いていることで、恋愛感情ではなく、友人や人間としての好意になります。beaucoup ならポジティブ感がより強まります。

M memo Je l'aime beaucoup.「すごく好き」

なんとなく（あまり）好きじゃない

Je le / la sens pas (trop).

ジュ　ル　ラ　サン　パ　トゥろ

理由は分からないが、なぜか避けたくなるような相手に対して使います。フィーリングが合わない、といった感じでしょうか。

付き合ってる

〜のことが好き

Je suis amoureux / amoureuse de 〜.
ジュ スュイ ザムるー ザムるーズ ドゥ

「〜に恋している」と言いたい場合、J'aime（ジェム）〜 . よりも amoureux / amoureuse「恋をしている」という形容詞を使った表現が一般的です。

M memo はっきりと恋愛感情があるのか分からない場合はJ'ai des sentiments pour（ジェ デ サンティマン プーr）〜 .「〜のことが気になる」

付き合ってる

On sort ensemble.
オン ソーr アンサンブル

恋人として「付き合う」を表すフランス語の単語はなく、動詞 sortir（ソるティーr）「出かける」に ensemble「一緒に」を組み合わせた言い回しを使います。一緒に出かける＝デートしているという感覚が近いかもしれません。

私の彼氏／彼女だよ

C'est mon petit-ami / ma petite-amie.
セ モン プティ タミ マ プティ タミ

「恋人」は「私の小さな（愛しい）友人」という表現を使いましょう。一般的な「私の友人」を示す mon copain（モン コパン）/ ma copine（マ コピーヌ）や mon ami（モ ナミ）/ mon amie（モ ナミ）も、文脈によっては彼氏／彼女を意味する場合があります。

別れたよ

On est séparé.
オン ネ セパれ

On n'est plus ensemble.（オン ネ プリュ アンサンブル）「私たちはもう一緒にいない」や C'est fini entre nous.（セ フィニ アントゥる ヌ）「私たちの関係は終わった」という表現もよく使います。

長所を表す

フランスでは人の容姿の評価をあからさまに話すことはあまりありませんが（➡P86）、人の性格や特徴についてはもちろんよく話題になります。

美しい／かっこいい
beau / belle
ボー　ベル

美しい／かわいい
joli(e)
ジョリ

感じがいい
agréable
アグれアーブル

感じがいい
sympa / sympatique
サンパ　サンパティック

賢い／頭がいい
intelligent(e)
アンテリジャン(トゥ)

すっごくいい人
génial(e)
ジェニアル

才能がある
talentueux(-euse)
タランチュー(ズ)

勉強ができる
brillant(e)
ブりヤン(トゥ)

優しい／親切
gentil(le)
ジャンティ(ーユ)

笑顔が絶えない
souriant(e)
スりアン(トゥ)

真面目／信頼がおける
sérieux(-euse)
セりユー(ズ)

心が広い
généreux(-euse)
ジェネるー(ズ)

正直
honnête
オネットゥ

率直
franc(he)
フらン(シュ)

さっぱりしている
cool
クゥル

頑張り屋さん
courageux(-euse)
クらジュー(ズ)

物知りで話が面白い
intéressant(e)
アンテれッサン(トゥ)

面白い／ひょうきん
drôle / rigolo(te) / marrant(e)
ドゥろール　りゴロ　マらン(トゥ)

短所を表す

人の性格や特徴についてのネガティブな表現もいろいろありますが、日本語同様に使い方には気をつけましょう。ポジティブな形容詞（P114）を否定形で使えば少し口調を和らげることができます。

攻撃的
agressif(-ssive)
アグれッスィフ(スィヴ)

厳しい
autoritaire
オトりテーr

自己中心的
egocentrique
エゴサントゥりック

おっちょこちょい
étourdi(e)
エトゥるディ

怠け者
feignant(e)
フェニャン(トゥ)

かっこつけ
maniéré(e)
マニエれ

内気、恥ずかしがり屋
timide
ティミッド

ケチ
radin(e)
らダン(らディーヌ)

ややこしい
compliqué(e)
コンプリケ

意地悪
méchant(e)
メシャン(トゥ)

偉そう
arrogant(e)
アろガン(トゥ)

おしゃべり
bavard(e)
バヴァーr(バヴァるドゥ)

ずるい
malin / maligne
マラン　マリーニュ

ちょっと変わってる
excentrique
エクサントゥりック

子どもっぽい
immature
イマチューr

うぬぼれが強い
prétentieux(-euse)
プれタンスュー(ズ)

頑固
têtu(e)
テチュ

世間知らずな／何でも信じやすい
naïf(naive)
ナイーフ(ナイーヴ)

すぐイライラする
nerveux(-euse)
ネるヴー(ズ)

バカ／ひどい人
con(ne)
コン(ヌ)

Quand même を使いこなそう

フランス人の日常会話を聞いているととてもよく登場するquand mêmeは、その前に言った物事と対照的だったり反対だったりすることを伝えるときに使い、いろいろな意味が込められる面白い表現です。例文を見るとわかるように、quand mêmeを入れなくても文章は成り立つけれど、より細かいニュアンスを加えられるので、ぜひ使いこなしましょう。

Il pleut mais j'y vais **quand même**.

雨が降っているけど、**それでも**行くよ。

Je peux pas venir mais merci **quand même**.

行けないけど、**でも**（誘ってくれて）ありがとう。

C'était **quand même** méchant.

それにしても、あれは意地悪だったよね。

Il parle 5 langues ? Ah **quand même** !

あの人、5ヶ国語も話せるの？わー**すごいね／意外だね**！

Tu vas **quand même** pas aller au resto habillé comme ça ?

さすがにその格好でレストラン行かないよね？

誕生日おめでとう！

誕生日おめでとう！

Bon anniversaire !

ボ　ナニヴェるセーr

anniversaire（アニヴェるセーr）とだけ言う場合はふつう誕生日を指し、その他の記念日のお祝いなら、Bon anniversaire de（ドゥ） mariage（マりアージュ）.「結婚記念日おめでとう」のように具体的な名称を加えましょう。

M memo Joyeux（ジョワイユー） anniversaire（ザニヴェるセーr）!「誕生日おめでとう」

サプラーイズ！

Surprise !

スュるプりーズ

内緒で計画した誕生日パーティーに、その日の主役が到着したらこのひとことで驚かせましょう。

M memo Tada（タダー）!「じゃーん！」：とっておきのプレゼントやケーキを披露するときの効果音。書き言葉でも使え、Tadaaa !としても楽しいですね。

ちょっとしたプレゼントがあるんだ

J'ai un petit cadeau pour toi.

ジェ　アン　プチ　カドー　プーr　トワ

「大したものじゃないけれど」と、控えめかつ、さりげなくプレゼントを渡せます。

M memo J'espère（ジェスペーr） que（ク） ça（サ） te（トゥ） plaît（プレ）.「気に入ってもらえるといいんだけど」

これ開けてもいい？

Je peux l'ouvrir ?

ジュ　プ　ルヴりーr

フランスでは贈り物をその場で開けても失礼にはあたりませんが、開ける前にこう尋ねるのが礼儀です。贈る側が、Tu（チュ） peux l'ouvrir.「開けてもいいよ」とひとこと添えてあげてもいいですね。

季節の挨拶

あまりよく知らない人同士でも気軽に声をかけるお国柄でもあり、ちょっとしたときに季節の挨拶をうまく使えるといいですね。さまざまな宗教の人が存在するフランスでは「クリスマス」ではなく「お祭り」とぼかした表現もよく使われます。

あけましておめでとう

Bonne année.
ボ ナネ

・最後に2022など年を加えてもいいですね。

ハッピーバレンタイン

Bonne Saint Valentin.
ボンヌ サン ヴァランタン

・Joyeuse（ジョワイユーズ） Saint Valentin.とも。

母の日おめでとう

Bonne fête des mères.
ボンヌ フェットゥ デ メーr

・Bonne fête maman（ママン）とも。

良いバカンスを

Bonnes vacances.
ボンヌ ヴァカンス

メリークリスマス

Joyeux Noël.
ジョワイユー ノエル

良いお祭りを

Bonnes fêtes.
ボンヌ フェットゥ

・クリスマス前から大晦日までの時期に使えます。

良い一年になりますように

Meilleurs vœux.
メイユーr ヴー

ハッピーイースター

Joyeuses pâques.
ジョワイユーズ パック

父の日おめでとう

Bonne fête des pères.
ボンヌ フェットゥ デ ペーr

・Bonne fête papa（パパ）とも

良い新学年を

Bonne rentrée.
ボンヌ らントゥれ

年末の良いお祭りを

Bonnes fêtes de fin d'année.
ボンヌ フェットゥ ドゥ ファン ダネ

著者紹介

トリコロル・パリ（荻野雅代・桜井道子）

フランス在住の日本人ふたり組。2010年にパリとフランスの情報サイトを立ち上げ、独自の目線でおすすめの観光情報、フランスの素顔をお届けしている。著書に『フランスの小さくて温かな暮らし 365日―大切なことに気づかせてくれる日々のヒント』（自由国民社）、『パリが楽しくなる！かんたんフランス語』（パイ・インターナショナル）、『おしゃべりがはずむ　フランスの魔法のフレーズ』（白水社）など多数。

とってもナチュラル　ふだんのひとことフランス語

2021年11月15日　印刷
2021年12月5日　発行

著　者　©トリコロル・パリ
発行者　及　川　直　志
印刷所　株式会社三秀舎

発行所　〒101-0052 東京都千代田区神田小川町3の24
電話 03-3291-7811（営業部），7821（編集部）　株式会社白水社
www.hakusuisha.co.jp
乱丁・落丁本は送料小社負担にてお取り替えいたします。

振替　00190–5–33228　Printed in Japan　加瀬製本

ISBN978-4-560-08920-0